Gérard Bökenkamp

Die tägliche Dosis Liberalismus

Freiheitsperspektiven auf

Politik, Wirtschaft und Gesellschaft

herausgegeben von Michael von Prollius

EDITION FORUM ORDNUNGSPOLITIK BAND 3

Bibliografische Information der Deutschen Nationalbibliothek:

Die Deutsche Nationalbibliothek verzeichnet diese Publikation in der Deutschen Nationalbibliografie; detaillierte bibliografische Daten sind im Internet über http://dnb.dnb.de abrufbar.

Edition Forum Ordnungspolitik
Herstellung und Verlag: BoD - Books on Demand, Norderstedt
Layout und Umschlaggestaltung: Susanne Junge

Inhaltsverzeichnis

Vorwort

Vom Wert des Liberalismus zeugt der Strom der Beiträge, die der Publizist Gérard Bökenkamp auf dem Blog des Liberalen Instituts „Denken für die Freiheit" veröffentlicht hat. Der Berliner Historiker ist ein dezidiert politischer Kopf mit strategischem Blick, der sich für eine pluralistische Gesellschaft einsetzt, für Denken in Freiheit und Vielfalt – vielfach gegen den Mehltau der herrschenden Meinung. Eine Fülle von Vorträgen und Publikationen sowie die nachfolgenden ausgewählten Blogbeiträge sind Ausdruck seines Engagements.

Beispielhaft kommt seine Haltung in einer Begebenheit zum Ausdruck, die mir Gérard Bökenkamp wie folgt schilderte: Er sei im altem West-Berlin direkt an der Mauer aufgewachsen, die von der DDR-Führung als antiimperialistischer Schutzwall bezeichnet wurde. Die Mauer teilte die Straße und über die Straße führte die S-Bahnbrücke. Von dort aus konnte man über die Mauer in den Ostteil der Stadt blicken. Auf der einen Seite war das freie Berlin, auf der anderen Seite der Sozialismus – mit Todesstreifen, Wachtürmen und Stacheldraht. „Ich war neun Jahre alt als die Mauer fiel, die Stimmung war unbeschreiblich euphorisch. Plötzlich war die Mauer nicht mehr da, und ich erinnere mich, wie wir mit der Schulklasse direkt unter der S-Bahnbrücke standen, hinter der sich die Mauer geöffnet hatte. Lange Autokolonnen von Trabanten und Scharen von Bürgern strömten hindurch und wurden von uns begeistert begrüßt." Gérard Bökenkamps Eltern gehörten zu den ersten, die nach dem Fall der Mauer mit dem Auto in das bisherige DDR-Territorium, das Berliner Umland, fuhren. „Vom Rücksitz des Wagens aus konnte ich die verfallenen Dörfer sehen, heruntergekommene Altstädte, triste Plattenbauten und Industrieruinen. Meine Eltern verglichen das damals mit der Zeit nach dem Dreißigjährigen Krieg." Die unmittelbare Anschauung zeigte Gérard Bökenkamp unverstellt, dass der Sozialismus nicht wie behauptet funktioniert, sondern marode Landschaften hinterlässt, während die

Menschen, die in ihm leben müssen, vor allem ein Ziel haben: aus ihm zu flüchten.

Freiheitsfeindliche, menschenverachtende Systeme wie das SED-Regime der DDR zeigen besonders eindringlich und zeitlos, welche Bedrohungen einer freien Gesellschaft zusetzen können. Stets geht es allerdings nicht nur um die abstrakte Gesellschaft, sondern das konkrete Schicksal einzelner Menschen; Ordnungen und Systeme bleiben als Konstrukte recht abstrakt. Zugleich wird deutlich wie wichtig eine Ordnung der Freiheit für den Alltag eines jeden Menschen ist.

Grundlage einer Ordnung der Freiheit ist konsequent liberales Denken und Handeln sowie ein kritischer Blick auf verbreitete Annahmen und Behauptungen. Die nachfolgenden Beiträge sind Ausdruck einer liberalen Skepsis und entstammen so unterschiedlichen Bereichen wie Wirtschaftspolitik, Theorie politischer Ökonomie, deutscher Politik und Ideengeschichte. Sie sind entstanden im Liberalen Institut, dem Think Tank der Friedrich Naumann Stiftung für die Freiheit, das selbst ein Hort des Pluralismus ist. Alle Texte wurden im Blog „Denken für die Freiheit" veröffentlicht und liegen nachfolgend in sanft überarbeiteter Fassung als eine Fundquelle für Wissenswertes zur Freiheit vor.

Ich wünsche Ihnen eine anregende Lektüre, wohin auch immer Sie den Band mitnehmen. Er passt in jede (Reise)Tasche. Klug wird man bekanntlich nicht durch das Lesen, sondern durch Nachdenken über das Gelesene. Ich wünsche mir, dass die Gedanken Zugang zu möglichst vielen Köpfen finden. Eine Fortsetzung mit anderen Autoren in der mit Uwe Timms „Briefe an die Welt" begonnenen Reihe freiheitlicher Gegenwartspublizistik für jedermann ist geplant.

Berlin, im Mai 2014
Michael von Prollius

Politik

Die FDP im Parteiensystem der Bundesrepublik

Im Jahrbuch zur Liberalismus-Forschung (20. Jahrgang 2008) untersucht die Historikerin Marie-Luise Recker die Rolle der FDP und der kleineren Parteien in der Bundesrepublik. Die Bundesrepublik weist bis heute ein bipolares Parteiensystem auf, bestehend aus zwei großen Volksparteien und ihren Koalitionspartnern. Das war nicht von Anfang an so. Bei der ersten deutschen Bundestagswahl 1949 zogen insgesamt 10 Parteien in den Bundestag ein.

Die rechts- und linksradikalen Parteien wie die SRP, die NPD und KPD bzw. die DKP blieben trotz sporadischer Wahlerfolge eine Randerscheinung. SRP und KPD wurden verboten, nachdem sie jedoch politisch ohnehin gescheitert waren. KPD und DKP konnten in der Polarisierung des Kalten Krieges nur eine Außenseiterposition einnehmen. Rechtsradikale Parteien blieben kurzfristige Protestphänomene. Recker schreibt: „Insgesamt verfügte und verfügt der parteipolitisch organisierte Rechtsextremismus in der Bundesrepublik über keine geschlossene sozialmoralische oder ideologische Gruppe in der Wählerschaft, auf die er sich stützen könnte."

Daneben gab es eine Reihe kleiner bürgerlich-konservativer Parteien: Die Bayernpartei, die Zentrumspartei, die Deutsche Partei, der Südschleswigsche Wählerverband und der Blog der Heimatvertriebenen und Entrechteten. Recker rechnet in dieser frühen Phase der Bundesrepublik auch die FDP dieser Gruppe von Parteien zu. Die Deutsche Partei, die Zentrumspartei und die Bayernpartei wurden von der CDU und CSU marginalisiert. Der Versuch von DP und BHE durch Fusion zu einer eigenständigen Kraft aufzusteigen, scheiterte. Bei den Wahlen 1961 erhielten sie 2,8 Prozent der Wählerstimmen.

Der CDU gelang es die unterschiedlichen Strömungen zu integrieren und damit ihre politischen Konkurrenten überflüssig erscheinen zu lassen. Die Popularität Adenauers und die Erfolge der Außenpolitik sowie der sozialen Marktwirtschaft trugen wesentlich dazu bei. Der FDP gelang es als einziger der kleineren bürgerlichen Parteien sich diesem Sog zu entziehen und ihre Eigenständigkeit zu wahren. Das gelang ihr, indem sie sich deutschlandpolitisch stärker von der CDU/CSU und wirtschafts- und sozialpolitisch von der SPD abgrenzte, zugleich aber mit beiden Parteien koalitionsfähig wurde.

Während die FDP in den fünfziger Jahren eine unter vielen bürgerlichen Parteien war, wurde sie in den sechziger Jahre im Dreiparteien-System zum „Zünglein an der Waage." Ihre neue Rolle in der Bundesrepublik war die des Juniorpartners und des politischen Korrektivs. Das ermöglichte ihr, eine Schlüsselposition im Parteiensystem der Bundesrepublik zu spielen. Diese Sonderrolle der FDP als Königsmacher des bundesdeutschen Parlamentarismus wurde jedoch durch das Aufkommen der Grünen als vierte Kraft im Bundestag beendet.

An die Stelle des Dreiparteiensystems trat fortan ein bipolares Parteiensystem mit einem bürgerlichen Lager aus CDU/CSU und FDP und einem linken Lager aus SPD und Grünen. Mit der Wiedervereinigung wurde das Parteiensystem der Bundesrepublik noch komplizierter, da sich nun die Nachfolgepartei der SED, die PDS, auch auf Bundesebene etablieren konnte. Ob sich dieses Fünfparteien-System aus zwei bürgerlichen und drei linken Parteien dauerhaft behaupten kann, wird die Zukunft zeigen.

Literatur:

Marie-Luise Recker: Kleine Parteien im Parteiensystem der Bundesrepublik Deutschland; in: Jahrbuch zur Liberalismus-Forschung, 20. Jahrgang, Baden Baden 2008, S. 13 ff.

Veröffentlicht am 22. April 2013

Geschichtsphilosophie: Die Politik und ihre Grenzen

Politik und Politiker sind die Projektionen für Wünsche, Hoffnungen, Sehnsüchte und Ängste. In der Regel erwarten wir von der Politik zu viel. Die Grenzen des politischen Handelns sind die Grenzen des allgemeinen kulturellen Konsenses. In den USA wird kein Atheist Präsident, in Deutschland wird niemand Kanzler, der den Wohlfahrtsstaat grundsätzlich ablehnt. Es ist nicht wahrscheinlich, dass ein Politiker, der auch noch so guten Willens sein mag, in einem Land, in dem eine große Mehrheit der Bevölkerung die Steinigung von Religionsabweichlern fordert, die Religionsfreiheit nach westlichem Vorbild einführt oder in einer Kultur des Imperialismus eine Politik des Ausgleichs und der Verhandlungen umsetzt. Ein lockeres Scheidungsrecht in einer streng katholischen Gesellschaft zu verwirklichen ist ebenso schwierig, wie ein religiös begründetes Familienrecht in einer säkularen Gesellschaft.

Die Umsetzung einer bestimmten politischen Agenda gegen die herrschenden intellektuellen Strömungen und den allgemeinen kulturellen Konsens erfordert eine Machtvollkommenheit, die – zum Glück – selten ein Politiker in seinen Händen konzentriert. Helmut Kohl wurde von konservativer Seite oft dafür kritisiert, dass er seine Ankündigung einer geistig-moralischen Wende nicht erfüllt habe. Dabei wird aber übersehen, dass es nicht konservative Graswurzelbewegungen waren, die die Plätze füllten und die Debatten beherrschten, sondern die neuen sozialen Bewegungen der Linken. Die Erwartung, dass Politiker und Parteien diese Debatten steuern und den Zeitgeist nach Belieben ändern oder ignorieren können, entspricht einer Überhöhung des Politischen und einer Dämonisierung oder Verherrlichung von Politikern. Dies ist im Grunde ein Geniekult, der unterstellt, jemand könne Luther und Karl V. in einer Person sein.

Bismarck hat die reale Rolle von Politikern einmal treffend auf den Punkt gebracht: Wenn der Mantel Gottes durch die Geschichte wehe, müsse man zuspringen und ihn festhalten. Bismarck wusste, wovon er sprach. Der Kanzler der Reichseinigung hatte noch zu Zeiten der 1848er Revolution (der bürgerlichen Einheits- und Unabhängigkeitserhebungen in Europa) die Forderung nach der nationalen Einigung als „nationalen Schwindel" bezeichnet. Dass er sich schließlich eines anderen besann, lag daran, dass die Nationalbewegung zu stark geworden war und er sie nicht mehr außer Acht lassen konnte. Starke Politiker sind wie Surfer, sie lassen sich geschickt auf einer Welle nach oben tragen, die sie selbst aber nicht verursachen können.

Die politische Kultur eines Landes steht in einer Beziehung zu seiner sozioökonomischen Basis. Bauern haben in der Regel eine andere Kultur und andere Ansichten über die Welt als Großstädter und Fabrikarbeiter. Hausfrauen sehen die Welt anders als leitende Angestellte usw. Für Kulturänderungen spielt Demographie eine wichtige Rolle. Wenn zum Beispiel die Basis einer Partei aus Landwirten besteht, dann werden Industrialisierung und Schrumpfen der Landbevölkerung ihren politischen Rückhalt schwächen. Wenn die Zahl der Selbstständigen zurückgeht und die Zahl der Beschäftigten im öffentlichen Dienst zunimmt, dann hat das Auswirkungen auf die Anziehungskraft einer liberalen Partei, die sich vor allem auf Selbstständige stützt. Ähnlich verhält es sich beim Rückgang der Zahl der Industriearbeiter für die Sozialdemokraten oder der Kirchenmitglieder für die Christdemokraten.

Die politische Kultur ist mehr als nur der Überbau einer sozioökonomischen Basis wie Marx glaubte. Es gibt allerdings Wechselwirkungen zwischen beiden. Ein mittelalterliches theologisches Weltbild ist den Menschen einer modernen Dienstleistungsgesellschaft kaum mehr zu vermitteln. Zudem fördern und behindern Weltbilder auch Entwicklungen der ökonomischen Basis.

Die Spielräume der Politik werden nicht nur durch die ökonomischen, soziokulturellen und ideengeschichtlichen Rahmenbedingungen bestimmt, sondern auch durch die geopolitischen Rahmenbedingungen. Die Bewohner eines Landes, die sich von außen bedroht fühlen, werden andere politische Entscheidungen treffen und anderen Ideen gegenüber aufgeschlossen sein als Menschen in einem Land, das im tiefsten Frieden lebt. Internationale Verträge, Bündnisse und Abkommen schränken die Entscheidungsspielräume der nationalen Politik ein. Schließlich gibt es zwischen Frieden und Krieg ein ganzes Spektrum unterschiedlicher Möglichkeiten, um Druck auf eine Regierung oder die Bewohner eines Landes auszuüben.

In der Geschichtsphilosophie gab es zwei große Strömungen: Die Deterministen und die Voluntaristen. Für die einen ist die Geschichte determiniert, also festgelegt durch unabänderliche ökonomische, soziologische und kulturelle Gesetzmäßigkeiten. Für die anderen ist die Geschichte bestimmt durch den Willensakt großer Männer und ihre Pläne und Ideen. Friedrich August von Hayeks Ansatz, der eine eigene Geschichtsphilosophie beinhaltet, lautete: Die Gesellschaft sei das Ergebnis menschlicher Handlung, nicht aber menschlicher Planung. Politisches Handeln sei mit unbeabsichtigten Konsequenzen verbunden. Zwar würden Menschen handeln und ihr Handeln würde zu einem Ergebnis führen. Das Ergebnis könne aber ein ganz anderes sein, als es die Handelnden mit ihren Plänen eigentlich bezweckten.

Veröffentlicht am 25. Januar 2013

Aufsichtsrat: Kein Experimentierfeld für Gesellschaftspolitik

Bevor man sich über die Frauenquote unterhält, muss man sich über einige grundlegende Fragen Klarheit verschaffen. Die erste Frage lautet: Wem gehört ein Unternehmen? Im Sozialismus gehört ein Unternehmen dem Staat. Wenn der Staat das Unternehmen führt, dann ist klar, dass der Staat auch die Personalpolitik bestimmt. In einer Marktwirtschaft gehört ein Unternehmen dem Privateigentümer.

Eigentümer und Anleger haben ein überragendes Interesse daran, dass das Unternehmen dauerhaft Gewinne erwirtschaftet. Wenn das Unternehmen abwirtschaftet, dann sind es ihre Aktien, die an Wert verlieren und damit in vielen Fällen ihre Altersvorsorge. Das große Problem ist, dass sich die Interessen der Manager und der Institutionen des Unternehmens immer mehr von den Interessen der Eigentümer entfernt haben. Dem liegt der historische Prozess zu Grunde, dass die Verbindung zwischen dem haftenden Unternehmer und dem Vorstand und Aufsichtsrat immer dünner geworden ist und immer mehr politisiert wurde.

Die Forderung nach einer Frauenquote für den Aufsichtsrat ist eine neue Stufe der Politisierung des Aufsichtsrates, die darauf hinweist, dass die Bedeutung dieses Gremiums inzwischen als so gering erachtet wird, dass es als Spielfeld gesellschaftspolitischer Experimente dienen kann.

Wenn es nach der Politik geht, dann würden sich alle möglichen, politisch ausgewählten Gruppen in den Aufsichtsräten tummeln. Jede kann mit guten Gründen angeben, dem öffentlichen Interesse zu dienen: Politiker, Umweltaktivisten, Kirchen und Ethikbeauftragte. Neben der Frauenquote kann man sich auch eine Quote für Ostdeutsche, für Migranten und Angehörige religiöser, ethnischer und sexueller Minderheiten, für Behinderte, Väter und Mütter und Abkömmlinge aus sozial unterprivilegierten Schichten vorstellen. Die Frage ist aber, ist das sinnvoll?

Was ist überhaupt der Sinn eines Aufsichtsrates? Ein Eigentümer geführtes Unternehmen, bei dem der Eigentümer und der Leiter des Unternehmens identisch sind, braucht keinen Aufsichtsrat. Aufsichtsräte wurden historisch dann relevant, als Aktiengesellschaften auf den Plan traten und die Leitung der Firma nicht mehr in den Händen der Privateigentümer lag, sondern das Unternehmen von Managern im Auftrag der Eigentümer, also der Aktionäre, geführt wurde.

Da von Anfang an das Problem bestand, dass die Interessen des Managers, der als leitender Angestellter einer anderen Handlungslogik folgt als der Eigentümer, wurde der Aufsichtsrat eingerichtet, um die Manager kontrollieren und die Interessen der Eigentümer des Unternehmens wahren zu können. Die zentrale Frage unserer Zeit lautet, wie man die Vorstände und Aufsichtsräte wieder stärker an die Interessen und den Willen der Aktionäre binden kann – sie lautet aber gerade nicht, wie man den Einfluss von Politikern auf die Personalpolitik eines Unternehmens vergrößern kann.

Im Aufsichtsrat sollen also Vertrauensleute der Eigentümer sitzen, die der Unternehmensführung auf die Finger schauen. Es ist nicht die Aufgabe eines Aufsichtsrates Gesellschaftspolitik zu betreiben, Männern oder Frauen zu ihrem Traumjob zu verhelfen oder bei der Karriereplanung zu unterstützen.

Veröffentlicht am 25. September 2012

Schutz der Meinungsfreiheit: Deutschland und USA im Vergleich

Immer wieder irritiert, dass in den USA Meinungen und Positionen als selbstverständlich nicht nur hingenommen, sondern ausdrücklich durch das Recht geschützt werden, die in Deutschland strafrechtlich verfolgt werden können. Warum das so ist wird klar, wenn wir die Bestimmungen des deutschen Grundgesetzes mit dem ersten Zusatzartikel der Verfassung der USA vergleichen, der dort die Meinungsfreiheit schützt.

Das deutsche Grundgesetz führt zur Meinungsfreiheit aus:

(1) Jeder hat das Recht, seine Meinung in Wort, Schrift und Bild frei zu äußern und zu verbreiten und sich aus allgemein zugänglichen Quellen ungehindert zu unterrichten. Die Pressefreiheit und die Freiheit der

Berichterstattung durch Rundfunk und Film werden gewährleistet. Eine Zensur findet nicht statt.

(2) Diese Rechte finden ihre Schranken in den Vorschriften der allgemeinen Gesetze, den gesetzlichen Bestimmungen zum Schutze der Jugend und in dem Recht der persönlichen Ehre.

(3) Kunst und Wissenschaft, Forschung und Lehre sind frei. Die Freiheit der Lehre entbindet nicht von der Treue zur Verfassung.

Im Vergleich dazu lautet der erste Zusatzartikel der Verfassung der Vereinigten Staaten von Amerika:

„Der Kongress darf kein Gesetz erlassen, das die Einführung einer Staatsreligion zum Gegenstand hat, die freie Religionsausübung verbietet, die Rede- oder Pressefreiheit oder das Recht des Volkes einschränkt, sich friedlich zu versammeln und die Regierung um die Beseitigung von Missständen zu ersuchen.“

Bewertung:

Das deutsche Grundgesetz stellt ausdrücklich heraus, dass die Meinungsfreiheit durch die allgemeinen Gesetze ihre Schranken findet. Diese Schranken dürfen zwar nicht willkürlich gesetzt werden, aber es dürfen ausdrücklich Schranken durch den Gesetzgeber gesetzt werden. Die Verfassung der USA geht in ihrem Schutz der Rede- und Pressefreiheit viel weiter. Hier ist es dem Gesetzgeber ausdrücklich verboten, der Rede- und Pressefreiheit Schranken zu setzen.

Das ist nicht nur ein gradueller Unterschied, das ist ein fundamentaler Unterschied! In den USA gehört das Recht auf Redefreiheit vom Selbstverständnis her unveräußerlich zur Person, in Deutschland wird Recht hingegen gewährt und kann bei Bedarf zurückgezogen werden. Das spiegelt sich in der Häufigkeit wieder, in der in Deutschland das Verbot und die Einschränkung der Meinungsfreiheit gefordert werden, selbst wenn dies in den meisten Fällen folgenlos bleibt. Das

Beispiel Meinungsfreiheit zeigt, wie eine Rechtstradition die politische Kultur eines Landes prägt.

Veröffentlicht am 20. September 2012

Umverteilungspolitik und Macht

Das Problem bei jeder Form von Umverteilungspolitik ist: Umverteilung setzt stets jemanden voraus, der verteilt. Derjenige, der verteilt, besitzt die Macht, den einen etwas wegzunehmen und den anderen etwas zu geben. Das hat zwei Konsequenzen: Erstens, derjenige oder diejenigen, die verteilen, befinden sich in einer starken Machtposition. Zweitens, deshalb gibt es viele, die diese Position anstreben, und es findet ein Machtkampf um die Position des Verteilers statt. Wer diese Macht einmal innehat, der wird seine Verteilungsposition nutzen, um seine Macht zu erhalten. Genau das konnte man etwa in den Entwicklungsländern in den letzten Jahrzehnten beobachten. Die Machthaber haben die ausländische Unterstützung unter ihren Getreuen verteilt, und die, die leer ausgingen, versuchten den Machthaber zu stürzen, um sich selbst der Mittel zu bemächtigen. So lassen sich viele Konflikte und Bürgerkriege erklären.

Veröffentlicht am 18. April 2012

Mitfühlender Liberalismus als Alternative zur Umverteilung

In der Zeitschrift Cicero entwickelt Philosophieprofessor Rolf W. Puster eine interessante Interpretation des Begriffs „Mitfühlender Liberalismus", den er als Gegenbegriff zur Umverteilung ansieht. Umverteilung liegt die Vorstellung zu Grunde, dass der Arme arm ist, weil der Reiche reich ist. Puster macht darauf aufmerksam, dass das über lange Zeiträume der Geschichte auch den Tatsachen entsprach, weil Wohlstandsverteilung die Folge gewaltsamer Umverteilung war. Der freie Markt führt aber zu einer Verteilung, die das Ergebnis freiwilliger Tauschakte darstellt: „Es gibt aber auch Wohlstand, der nicht auf der gewaltsamen Aneignen der Früchte fremder Arbeit beruht, sondern auf der wechselseitigen und freiwilligen Kooperation in Form des Tauschs von Gütern und Dienstleistungen. Das Forum der freien Kooperation ist der Markt."

Puster sieht die Ursache von Armut in der Welt in der Ausschaltung des Wettbewerbs begründet, verursacht durch „ausbeuterische Machtausübung" politischer Akteure und Lobbygruppen. Den Opfern dieser Bereicherung, den Schwächsten in der Kette der politischen Einflussnahme, soll das Mitgefühl des Liberalismus gelten. Daraus leitet er einen direkten Auftrag für jede liberale Partei ab: „Es sollte einer Partei, die die Freiheit aus Überzeugung hochhält, leicht fallen, politisch zugunsten der Opfer eines staatlichen Zwangs zu agieren, der nicht bloß zur Erfüllung der klassischen Staatsaufgaben ausgeübt wird." (…) Seine Analyse mündet in dem Appell: „Die damit nur angedeutete etatismuskritische Skizze politisch auszubuchstabieren und aufklärerisch zu propagieren, sollte eine geradezu maßgeschneiderte Aufgabe für all jene Liberalen sein, die sich durch ökonomische Kompetenz, Beharrlichkeit und Konfliktfähigkeit auszeichnen und nicht darauf aus sind, Politik als Biotop einer einträglichen Karriere zu nutzen."

Veröffentlicht am 24. Dezember 2011

Liberalismus nach dem 11. September

In Zeiten einer Bedrohung von außen kann man in der gesamten Geschichte dasselbe Phänomen beobachten: Die Menschen versammeln sich hinter politischen Führungsfiguren, die ihnen Schutz versprechen. Auch in westlichen Demokratien war man in Krisenzeiten stets bereit, eine ungeheure Konzentration von Macht in den Händen einzelner Politiker hinzunehmen. Man denke nur an David Lloyd George und Georges Clemenceau im Ersten Weltkrieg, Winston Churchill und Franklin D. Roosevelt im Zweiten Weltkrieg, De Gaulle während der Algerienkrise und nun auch George Bush nach dem 11. September 2001.

Macht korrumpiert

Solche Zeiten sind keine guten Zeiten für den Liberalismus. Liberale stehen vor einem Dilemma. Einerseits lässt sich nicht von der Hand weisen, dass in historischen Ausnahmesituationen eine Konzentration von Entscheidungsgewalt notwendig sein kann. Mit einem utopischen Pazifismus, wie ihn Teile der Linken vertreten, würde man es sich politisch und intellektuell zu bequem machen. Aber auf der anderen Seite steht der Liberalismus zu Recht der Konzentration von Macht grundsätzlich misstrauisch gegenüber, was etwa in dem berühmten Diktum von Lord Acton zum Ausdruck kommt: Macht korrumpiert, absolute Macht korrumpiert absolut.

Eine Funktion, die Liberale von jeher dem Staat als Kernaufgabe zugeordnet haben, ist die öffentliche Sicherheit im Inneren und die Verteidigung nach außen. Dass sich im Zeitalter des Terrorismus und der Konflikte niedriger Intensität („Low Intensity Conflicts") die Art und Weise ändert, wie diese Sicherheit gewährleistet werden kann, ist kaum bestreitbar. Das Problem ist nur, dass die Grenze zwischen berechtigten Schutzmaßnahmen und unberechtigter Ausweitung von

Überwachung und Kontrolle fließend wird. Die Versuchung für die Regierenden ist groß, Zeiten der Verunsicherung zu nutzen, um über das notwendige Maß hinaus Interventionspolitik zu betreiben und Bürgerrechte einzuschränken. Der Verweis auf die Gefahr durch den Terrorismus wird zum Freifahrtschein für viele Maßnahmen, die mit dieser Gefahr nichts oder kaum etwas zu tun haben.

Rückkehr zur Normalität

Nun gibt es in westlichen Demokratien früher oder später Gegenbewegungen. Die Funktionstüchtigkeit liberaler Demokratien zeigte sich darin, dass sie in der Lage waren, bevollmächtigte „Kriegsherren" auch wieder zu entmachten. Churchill wurde kurz nach dem Ende des Zweiten Weltkriegs abgewählt. Richard Nixons imperiale Präsidentschaft durch die Androhung seiner Amtsenthebung beendet. Auf die Ära Bush folgte die Wahl des ursprünglichen Kriegsgegners Barack Obama und im konservativen Lager wurde der radikal-liberale Interventionsgegner Ron Paul populär.

Dass der Liberalismus nach den Anschlägen am 11. September 2001 keinen besonderen Aufwind erfahren hat, ist vor diesem Hintergrund nur allzu verständlich. Aber Liberale sollten die Chance nutzen, wenn es darum geht, zur „Normalität" zurückzukehren. Auf die Agenda gehören: die Überprüfung und gegebenenfalls Rücknahme der Sicherheitsgesetze, die Rückkehr zu ziviler Rhetorik, die Aufarbeitung schwerwiegender Fehlentscheidungen, der Abbau von Militärbudgets und der in solchen Krisen oft anschwellenden Verschuldung sowie der Inflationstendenzen, schließlich eine kritischere Bewertung globaler Interventionspolitik. Eine „Heilung" von verbreiteter, Konflikt verschärfender politischer und ökonomischer Rückständigkeit in vielen Teilen der Welt versprechen nachweislich Freihandel und wirtschaftlicher Fortschritt.

Veröffentlich am 8. September 2011

Der Weg in die staatlich kontrollierte Quotengesellschaft

Bei der Frauenquote geht es nicht um eine Gender-Frage, sondern um ein Prinzip. Es geht um die Frage, wie wichtig Eigentumsrechte und Vertragsfreiheit sind. Die Grundfrage lautet, gehört ein Unternehmen dem Unternehmer bzw. den Aktionären oder aber dem Staat? Wer ohnehin nichts mit Eigentumsrechten zu tun hat, hat natürlich kein Problem damit, dass der Staat in die Personalpolitik privater Unternehmen eingreift. Im Grunde verhält sich die Linke, die mit privaten Unternehmen nie viel anfangen konnte, nur konsequent. Am besten wird nicht nur die Personal-, sondern auch die Produkt- und Preispolitik direkt vom Staat betrieben.

Es gibt ohne Zweifel in den Vorständen einen weit geringeren Anteil von Frauen, als ihr Anteil an der Bevölkerung ausmacht. Es gibt allerdings auch einen geringeren Anteil von Ostdeutschen, von Menschen mit Migrationshintergrund, speziell beispielsweise Muslimen, einen geringen Anteil an Behinderten, Geistes- und Sozialwissenschaftlern usw. Wann kommt also die Quote für Ostdeutsche, für Muslime, für Sozialwissenschaftler, für Behinderte ...?

Wenn man einmal mit dem Prinzip Quote anfängt, fallen einem leicht noch ein Dutzend weiterer Quoten für die Unternehmensvorstände ein. Es sind außerdem nicht nur die Unternehmensvorstände, für die eine Quote in Frage käme. Vorstellbar wäre auch eine Quote für pädagogische Berufe, in denen Männer unterrepräsentiert sind. Für die Bundeswehr, in der Männer überrepräsentiert sind, für das Studium naturwissenschaftlicher Fächer, in denen Frauen unterrepräsentiert sind – ein Umstand, der zum großen Teil für die Lohndifferenzen verantwortlich ist. Wenn man einmal damit anfängt, wird es kein Ende geben. Die Gesellschaft wird eine staatlich kontrollierte Quotengesellschaft.

Veröffentlicht am 2. Februar 2011

Die Krise des politischen Liberalismus:
Zwischen zwei Mühlsteinen

Die Schwäche der FDP ist darauf zurückzuführen, dass sie zwischen zwei Mühlsteine geraten ist. Das wird deutlich, wenn man die Kritik an den Liberalen analysiert. Die Kritik aus der einen Richtung kritisiert den Neoliberalismus der FDP, die eine reine Wirtschaftspartei sei und nur deren Klientel – den Reichen – diene. So oder so ähnlich lauten die klassischen Anwürfe von links. Die FDP wurde quasi zum Symbol für alles, mit dem das Meinungsspektrum links von der Mitte unzufrieden ist: Agenda 2010, moderate Lohnabschlüsse, Hartz IV, Rente mit 67. Dabei wird geflissentlich übersehen, dass diese „Verbrechen", die man dem Neoliberalismus zu schreibt, allesamt das Ergebnis sozialdemokratischer Politik der letzten 10 Jahre sind. Peter Hartz hat sein Konzept im Auftrag von Gerhard Schröder ausgearbeitet und es wurde mit einer rotgrünen Mehrheit im Bundestag verabschiedet. Die Lohnabschlüsse der letzten 10 Jahre sind Ergebnis der Tarifpolitik der Gewerkschaften. Die Rente mit 67 hat Franz Müntefering durchgesetzt.

Weder für die Erfolge noch für die Misserfolge dieser Politik war die Haltung der oppositionellen FDP ausschlaggebend. Bei der Verabschiedung der Agenda 2010 war ihr Einfluss belanglos und bei den Tarifabschlüssen saß auch kein Liberaler mit am Tisch. Im gewissen Sinne ist es die Frustration über die Sozialdemokratie und über die nach wie vor eng assoziierten Gewerkschaften, die auf der Linken den Hass auf den Neoliberalismus in neue Höhen getrieben hat. Dass es die eigenen Leute waren, die über alles hinausgegangen sind, was unter Helmut Kohl und Genscher je auf den Weg gebracht wurde, hat zu einer ungeheuren Verbitterung geführt. Als nun die FDP mit einem Rekord-Stimmergebnis an die Regierung kam, war das für die mit dem linken Spektrum sympathisierende Publizistik eine Erleichterung. Endlich war die Welt wieder in Ordnung. Die SPD war in der Opposition und aus der Schusslinie und die anderen wieder an der Regierung. Seitdem heißt es immer: Feuer frei!

Das ist aber nur die eine Seite des Mühlsteins. Während die FDP immer stärker von Links angegangen wurde, geriet sich auf der anderen Seite auch noch durch den Koalitionspartner immer weiter unter Druck. Es war deutlich erkennbar, dass die Marschrichtung von Teilen von CDU/CSU bei den Koalitionsverhandlungen lautete, der FDP keinen sichtbaren Erfolg zu zugestehen: Keine Konsolidierung, keine Steuerreform, keine Abschaffung des Gesundheitsfonds, keine negative Einkommensteuer – gar nichts. Alles sollte unverändert so weiter laufen als Kabinett Merkel II. Schon am Wahlabend hatten die Sprecher der Union damit angefangen, indem sie den CDU-Wählern die Eigenständigkeit absprachen und die Stimmen für die FDP als Merkel-Wähler in Anspruch nahmen. Die Union verfolgte während der Koalitionsverhandlungen ein zentrales strategisches Ziel, das sie erreicht hat: Die FDP wieder zurückzuschrumpfen und die Bildung eines eigenständigen Profils in der Koalition zu verhindern. Die Ordnung der alten Bundesrepublik sollte wieder hergestellt werden. Das hieß: Eine große bürgerliche Volkspartei und ihr kleiner liberaler Partner. Diese Strategie hatte aber einen Schönheitsfehler. Die alte Bundesrepublik existiert nicht mehr. Die Zeit, in der die Wähler einfach innerhalb des bürgerlichen Lagers pendeln und von ihrem Ausflug zu den Liberalen wie der verlorene Sohn ins Unionslager zurückkehren, ist vorbei. Die Menschen gehen einfach nicht mehr zur Wahl oder wenden sich vom bürgerlichen Lager ab. Die Folge davon sind linke Zweidrittelmehrheiten in den Umfragen. Angela Merkel hat taktisch gewonnen und strategisch verloren.

Den Absturz der Liberalen nach der Bundestagswahl kann man nur verstehen, wenn man die Ursache des Erfolges analysiert. Der Erfolg der FDP bei den Bundestagswahlen beruhte fast ausschließlich auf übergelaufenen Wählern von der CDU/CSU ins Lager der Liberalen. Die zentralen Themen für diese Wählerschaft waren vor jedem anderen Thema die Wirtschafts- und Finanzpolitik. Alle anderen Themen waren für diese Wählergruppe nachrangig. Daraus lässt sich ziemlich klar schlussfolgern, wer diese Wähler waren, die der FDP zum 14-Prozent-

Ergebnis verholfen hatten. Das waren die alten Anhänger von Friedrich Merz und Paul Kirchhof, die von der großen Koalition und dem Merkelschen Allerlei die Nase voll hatten. Das waren die Anhänger des Leipziger Parteitages und des Wirtschaftsflügels der Union. Leute, die man als wirtschaftsliberal und wertkonservativ bezeichnen kann. Das strategische Grundversäumnis der Liberalen besteht darin, weder in angemessener Weise analysiert, noch daraus die richtigen Schlussfolgerungen gezogen zu haben. Die Partei hat weder auf die wirtschaftspolitischen Forderungen, noch auf das Lebensgefühl dieser Menschen angemessen reagiert. Es verhält sich genau anders herum als angenommen: die Wählergruppe hat der FDP ihre Stimme gegeben, nicht obwohl sie das Image einer Wirtschaftspartei hatte, sondern gerade weil sie dieses Image hatte. Was die einen an der FDP verwünschten, nämlich die liberale Reformagenda, das war für diese Wähler das Hauptmotiv die Liberalen zu wählen: Konsolidierung der Haushalte, Senkung der Staatsquote, Steuervereinfachung, Entbürokratisierung, Abschaffung des Gesundheitsfonds, Deregulierung des Arbeitsmarktes usw. Das sind die Forderung, die diese Wählergruppe ansprachen und deren Nichterfüllung sie so sehr enttäuschte.

Die zentrale strategische Aufgabe wäre gewesen, aus diesen bürgerlichen Protestwählern Stammwähler zu machen. Vielleicht muss man einräumen, dass die Zeit für die Umstellung wohl zu kurz war, um konzeptionelle und organisatorische Anpassungen vornehmen zu können. Ein wenig kam man zum Wahlerfolg wie die Jungfrau zum Kinde. Das Entscheidende für das politische Überleben des politischen Liberalismus bleibt aber weiterhin das Potential dieser 14 Prozent der Wähler, weil sie trotz aller Rettungsrhetorik und Marktkritik nach der Finanzkrise keine Opel-Rettung und keine Milliarden-Subventionen ausgeben wollten. Stabile Haushalte und sicheres Geld waren und sind diesen Menschen wichtig.

Wenn es der FDP gelungen wäre, diese Gruppe dauerhaft an sich zu binden, wäre es gleichgültig, ob linke Kabarettisten sie durch den Kakao ziehen oder ihr Kapitalismuskritiker aller Couleur die Pest an den Hals wünschen. Diese gesellschaftlichen Gruppen würden sich ohnehin eher auf die Streckbank legen lassen, als die Liberalen politisch zu unterstützen. Derartige Attacken sind nur dann relevant, wenn es aus dem bürgerlichen Reformlager keine Stimmen gibt, die die Partei in Schutz nehmen. Wenn die eigenen Leute sich gut aufgehoben fühlen, dann ist der Einfluss der Medien begrenzt. Wenn man für die „richtigen" Themen angegriffen wird, die den eigenen Wählern am Herzen liegen, dann erhöht jede Attacke die Verbundenheit. Wenn die eigenen Leute resignieren, dann sitzt hingegen jeder Schlag. Wenn man sich zwischen die Stühle setzt und für die einen der neoliberale Buhmann und für die anderen der prinzipienlosen Geselle ist, dann steckt man hilflos Schläge von allen Seiten ein.

Der Wahlforscher Richard Hilmer beschrieb das Erfolgskonzept für eine Partei unter den neuen Bedingungen schwächerer Wählerbindung so: „Die Partei hat die größte Chance, der hohe Kompetenzen in entscheidenden Politikfeldern zugeschrieben wird, die ein dazu passendes kompetentes Spitzenpersonal und die Fähigkeit besitzt, mit den Eventualitäten der tagespolitischen Abläufe und Unwägbarkeiten am besten umzugehen." Das Hauptkompetenzfeld der FDP war und ist die Wirtschaft. Die Vorstellung, die FDP könne ihr Überleben sichern, in dem sie grüner wird als die Grünen, sozialer als die Sozialen oder einfach anders grün und anders sozial, geht an der Wirklichkeit vorbei. Der Versuch nicht mehr als Wirtschaftspartei wahrgenommen zu werden, hieße aus Angst vor dem Tod Selbstmord zu begehen. Die FDP wird dann erfolgreich sein, wenn sie wieder als DIE Wirtschaftspartei wahrgenommen wird (wie die Grünen als die Umweltpartei). Was die wahlentscheidenden Themenfelder angeht, so gilt, was schon Bill Clinton wusste: „It's the economy stupid."

Veröffentlicht am 28. Dezember 2010

Liberalismus als Buhmann

Für alle möglichen Fehlentwicklungen in der Welt wird dem (Neo-)Liberalismus die Schuld in die Schuhe geschoben: Ob Finanzkrise, fallende Reallöhne oder die Finanzierungsprobleme des Staates. Diese Vorwürfe beruhen auf der Fiktion, die Regierungspolitik der letzten Jahrzehnte trage eine liberale Handschrift. Tatsächlich hat es eine Dominanz des Liberalismus in den westlichen Staaten nicht gegeben. Zwar haben sich in den achtziger Jahren einzelne Regierungen die liberale Agenda zu eigen gemacht, etwa Ronald Reagan in den USA und Margaret Thatcher in Großbritannien. Liberale Forderungen konnten jedoch nur bestimmte Aspekte der Regierungspolitik beeinflussen und auch nur für begrenzte Zeit. Eine freie Marktwirtschaft im klassisch liberalen Sinne gibt es heute auf der Welt nur als Randerscheinung.

Das dominante Modell der letzten Jahrzehnte war nicht der von Liberalen gewünschte Minimalstaat oder der von Ordoliberalen geforderte Staat als Ordnungsmacht, der den Rahmen für den Wettbewerb schafft, sondern der Vorsorge- und Umverteilungsstaat, was mit einer massiven Verschuldung der öffentlichen Haushalte einherging. Eine maßgebliche Ursache liegt darin begründet, dass Umverteilungspolitik für Wahlen besser nutzbar ist als eine an liberalen Prinzipien orientierte Reformpolitik.

Oft wurden liberale Versatzstücke rhetorisch verwendet, um eine Politik zu rechtfertigen, die nicht mit dem Liberalismus in Einklang stand. Dem Liberalismus wurden deshalb Fehlentwicklungen zugeschrieben, die gar nicht die Folge liberaler Politik gewesen sein können. Dazu gehören etwa Steuersenkungen ohne eine entsprechende Gegenfinanzierung, Interventionen zu Gunsten von Großunternehmen und einzelnen wirtschaftlichen Interessen sowie auf die staatliche Geld- und Interventionspolitik zurückzuführende Spekulationsblasen.

Auf liberale Argumente wurde zudem regelmäßig dann verwiesen, wenn die staatliche Ausgabenpolitik an eine haushaltspolitische Grenze gestoßen war und die Politik eine Rechtfertigung für schmerzhafte und damit natürlich unpopuläre Sparmaßnahmen brauchte. Liberalismus wurde auf diese Weise zum Buhmann für gravierende Fehlentwicklungen aufgebaut, die nicht auf liberale Politik zurückzuführen waren.

Veröffentlicht am 20. November 2010

Über die Schwierigkeiten der Liberalen in der Regierung

Die FDP vertritt heute Positionen, die vor der Bundestagswahl 2005 auch von den Unionsparteien mitgetragen wurden. Die Unterschiede zwischen den Regierungszielen der Liberalen heute und den Regierungszielen der Union, die auf dem Leipziger Parteitag formuliert wurden, sind lediglich in Detailfragen zu finden. Die Bierdeckelsteuerreform von Friedrich Merz, die Gesundheitsprämie, die Grundüberzeugung, dass Steuern- und Abgaben sinken müssen und nicht steigen dürfen, all das waren offizielle Positionen der Unionsparteien. Angela Merkel hatte sich sogar in den letzten Wochen vor der Bundestagswahl 2005 für Paul Kirchhof als zukünftigen Finanzminister entschieden. Eine Entscheidung mit der die FDP sehr gut hätte leben können.

Das historisch außergewöhnliche Ergebnis bei der Bundestagswahl 2009 lässt sich dadurch erklären, dass die FDP plötzlich allein für die Agenda stand, der sich bis zur Bundestagswahl 2005 das ganze bürgerliche Lager und sogar Teile von SPD und Grünen verpflichtet fühlten. Inzwischen haben führende Vertreter der Reformpolitik wie Wolfgang Clement, Friedrich Merz und Oswald Metzger die Politik verlassen oder spielen keine zentrale Rolle mehr. Die politische Funktion der FDP in der Bundespolitik und dem Parteiensystem hatte sich damit über Nacht geändert. Sie war nun die einzige politische Kraft, die für die Reformagenda der Zeit vor 2005 stand. Das war für die Partei einerseits eine enorme Chance. Auf der anderen Seite hat sich die Verantwortung, die auf den Schultern der Liberalen lastet, dadurch enorm erhöht. Über Nacht ließ sich der personelle und politische Unterbau, der zur Bewältigung dieser Aufgabe nötig ist, nicht erweitern. Das stellte die FDP vor die Mammutaufgabe, einerseits neue Wählerschichten zu integrieren und sich für eine politische Position oberhalb der 10-Prozent-Marke aufzustellen und andererseits Reformmotor in einer Bundesregierung zu sein, die aus der Großen Koalition eine gigantische Erblast übernommen hat, noch dazu mit einem Koalitionspartner, der sich bequem in dieser Großen Koalition eingerichtet hatte.

Derzeit muss das Fazit gezogen werden, dass die Bewältigung der Mammutaufgabe eher schlecht als recht gelungen ist. Strukturell steht das bürgerliche Reformlager vor folgendem Problem: Nach Untersuchungen der Konrad-Adenauer-Stiftung sind die „Marktorientierten" die größte Gruppe unter den Parteimitgliedern der CDU. Deren Positionen werden durch die Unionsführung derzeit kaum vertreten. Auf der anderen Seite fühlen sich große Teile dieser Gruppe aus Loyalität gebunden, so dass faktisch der Einfluss dieser marktorientierten Kräfte in der Politik ein stückweit neutralisiert wird. Der politische Liberalismus steht daher vor der zentralen Aufgabe, kulturelle Hürden zu diesen Gruppen abzubauen, an der Basis der Gesellschaft eine feste Verankerung zu schaffen, persönliche und ideelle Bindungen sowie dauerhafte Loyalitäten aufzubauen, die über den Wahltag hinausreichen. Daher geht die Aufgabe zur Stärkung liberaler Positionen weit über die Regierungsarbeit hinaus. Sie ist eine kulturelle, personelle und organisationssoziologische Herausforderung ersten Ranges, mit dem Ziel, dass letztlich die Bindung an die Idee des Liberalismus langfristig wechselnde Einflüsse der Tagespolitik überdauert.

Veröffentlicht am 22. März 2010

Otto Graf Lambsdorff 1926-2009 – Der „Marktgraf". Nachruf auf einen herausragenden Wirtschaftspolitiker

Otto Graf Lambsdorff übernahm 1977 das Amt des Wirtschaftsministers von seinem Vorgänger Hans Friderichs in einer für die Bundesrepublik schwierigen Zeit. In den siebziger Jahren war das Wirtschaftswunder endgültig zu Ende gegangen. Zweistellige Defizite belasteten den Haushalt, sechsstellige Arbeitslosenzahlen und die wachsende Belastung der Löhne und Einkommen stellten eine schwere Bürde für den Erfolg der Regierung dar. Lambsdorff erkannte früher als andere die Herausforderung von Reformen und Rationalisierung in der Wirtschaft und die Notwendigkeit, politisch umzusteuern.

Nachdem die zentralen Weichen für die Ostpolitik gestellt und wichtige gesellschaftspolitische Reformen auf den Weg gebracht worden waren, waren die Gemeinsamkeiten der sozialliberalen Koalition ausgeschöpft. In der Wirtschaftspolitik gingen die Vorstellungen zwischen Sozialdemokraten und Liberalen deutlich auseinander. Otto Graf Lambsdorff war als politisches Gegengewicht in der Bundesregierung von herausragender Bedeutung dafür, dass sowohl der Verschuldung als auch der Besteuerung Grenzen gesetzt wurden. Er trug als Minister entscheidend dazu bei, dass das Profil der FDP als Partei der Marktwirtschaft geschärft und vor Verwässerung bewahrt wurde. Mit der sogenannten „Operation 1982" gelang der sozialliberalen Regierung noch ein letzter großer Wurf der Haushaltssanierung, der deutlich die Handschrift der Liberalen trug. Als die Krise sich verschärfte, wurde der Bruch unvermeidlich, weil der große Koalitionspartner nicht mehr in der Lage war, die notwendigen Sanierungsschritte mitzutragen.

Seine Sanierungsvorschläge, das sogenannte „Lambsdorff-Papier", das er Bundeskanzler Helmut Schmidt vorlegte, waren der Anlass für den zu diesem Zeitpunkt schon unvermeidlichen Bruch der sozialliberalen Koalition. Die notwendigen Konsolidierungsschritte konnten nur in einer neuen politischen Konstellation zusammen mit der

CDU/CSU durchgesetzt werden. Nach der „Wende" von 1982 gehörte Lambsdorff zu den sogenannten „heiligen drei Königen" der Regierung Kohl. So wurde das Gespann aus Finanzminister Gerhard Stoltenberg, Arbeitsminister Norbert Blüm und Wirtschaftsminister Lambsdorff bezeichnet, das faktisch die Wirtschafts-, Finanz-, und Sozialpolitik in den ersten Jahren der schwarz-gelben Koalition bestimmte. Dem Umstand, dass Stoltenberg und Lambsdorff gemeinsam gegenüber dem Arbeitsminister in einer stärkeren politischen Position blieben, waren die wichtigen Konsolidierungsschritte zur Senkung der Staatsausgaben und der Neuverschuldung zu verdanken.

Beim Thema Steuersenkungen setzte sich Lambsdorff auch gegen den Finanzminister durch, so dass eine zweistufige Steuersenkung für 1986 und 1988 auf den Weg gebracht wurde. Lambsdorffs Voraussagen, dass sich die Steuersenkungen zum Teil selbst finanzieren würden, erfüllten sich im Aufschwung, der ab dem Herbst 1989 – schon vor der Wiedervereinigung – deutlich an Fahrt gewann. Die achtziger Jahre erschienen manchem Beobachter am Ende des Jahrzehnts als ein „zweites Wirtschaftswunder": Der Staatsanteil war zurückgeführt worden und die Zahl der Beschäftigten erreichte ein Rekordniveau. Lambsdorff hatte als Wirtschaftsminister bis 1984 und als FDP-Vorsitzender ab 1988 die Wirtschaftspolitik dieser Phase ganz wesentlich mit gestaltet.

Lambsdorff konnte sich allerdings als Vertreter der kleineren Koalitionspartei längst nicht immer durchsetzen und musste auch schwere Niederlagen hinnehmen. Eine seiner größten Niederlagen war nach eigenem Bekunden, dass er sich bei den Koalitionsverhandlungen nach der Bundestagswahl 1990 mit der Forderung nach einem Niedrigsteuergebiet für die neuen Bundesländer nicht durchsetzen konnte. Im Nachhinein lässt sich sagen, dass dies wohl die einzige Chance gewesen wäre, die neuen Bundesländer vor der einsetzenden Deindustrialisierung zu bewahren. Die Dauerarbeitslosigkeit und der Bevölkerungsschwund in den neuen Bundesländern hätten vielleicht nicht verhindert, aber doch abgemildert werden können. So sehr Lambsdorffs politischer

Werdegang – zwangsläufig – auch von schwierigen Kompromissen gekennzeichnet war, lässt sich dennoch sagen, dass er zu den Politikern der Bundesrepublik gehörte, die die (wirtschafts)politische Agenda aktiv mitgestaltet und deutliche Spuren hinterlassen haben.

Ohne sein Wirken hätten die Deutschen höhere Steuern- und Abgaben leisten müssen und lediglich ein geringeres Wachstum genießen können. Die Belastung wäre in den Zeiten der sozialliberalen Koalition größer und die Entlastung in Zeiten der christlichliberalen Koalition geringer gewesen. Otto Graf Lambsdorffs Wirken hat dem Wohle des Landes gedient und er hat als Wirtschaftsminister nach dem Übervater Ludwig Erhard einen Maßstab gesetzt, an dem sich seine Nachfolger messen lassen müssen.

Veröffentlicht am 7. Dezember 2009

Wirtschaftspolitik

Japan und die Abenomics: Keynesianismus von rechts

In vielen wichtigen politischen Fragen versagt das politische Rechts-Links-Schema. Das trifft auch auf die Wirtschaftspolitik zu. Keynesianismus wird gemeinhin als Rezept der politischen Linken betrachtet. Dagegen spricht nicht nur, dass sich Lord Keynes selbst kaum als Linker beschreiben lässt. Zudem gab es in der Nachkriegszeit genug konservative Regierungen, die auf Keynes setzten, während eine Reihe linker Regierungen eine Austeritätspolitik betrieb, so etwa Präsident Bill Clinton, dem zu seiner Regierungszeit sogar der Haushaltsausgleich gelang.

Der japanische Ministerpräsident und Vorsitzende der Liberaldemokratischen Partei Shinzo Abe ist ein Exponent des rechten Flügels seiner Partei. Er setzt auf die Abkehr vom pazifistischen Nachkriegskonsens Japans, verteidigt die Rolle Japans im Zweiten Weltkrieg, tritt für die Vermittlung von mehr Patriotismus im japanischen Schulwesen ein und spricht sich gegen „exzessive" Sexualerziehung aus.

Abe verbindet seine nationalkonservative Grundhaltung mit einem expansiven keynesianischen Wirtschaftsprogramm. Der japanische MInisterpräsident setzt auf eine exzessive Ausweitung der Geldmenge, Inflation, Abwertung, Konjunkturprogramme, öffentliche Verschuldung und Lohnerhöhungen. Beifall findet Abe dafür in Deutschland vor allem bei der Linken. So loben etwa die „Nachdenkseiten" die „Abenomics" für die Politik der „Drei Pfeile" und empfehlen sie als Vorbild für die Eurozone.

Eine derartige Affinität der „Linken" zur Wirtschaftspolitik der „Rechten" ist nicht neu. Nach dem Zweiten Weltkrieg galt vielen Keynesianern die deutsche Wirtschaftspolitik nach 1933 als Beleg für den Erfolg keynesianischer Rezepte. Der Sozialdemokrat Karl Schiller, Wirtschaftsminister und Vater keynesianischer Konjunkturpolitik in der Bundesrepublik, teilte bei aller späteren Distanz zum NS-Regime diese Position. Helmut Schmidt erklärte nach der Ölkrise von 1973 in einem Interview, in den dreißiger Jahren hätten allein Roosevelt und Hjalmar Schacht richtig auf die Weltwirtschaftskrise reagiert.

Daraus lässt sich folgendes Fazit ableiten: So etwas wie eine linke oder eine rechte Wirtschaftspolitik gibt es nicht. Vielmehr besteht nur die Wahl zwischen wirtschaftlicher Freiheit und Interventionismus.

Veröffentlicht am 30. Mai 2013

Keynes auf Japanisch: Ein verlorenes Jahrzehnt

Benjamin Weingarten beschreibt in seinem Artikel "The Cause of Japan´s Boom and The Reasons for Its Prolonged Bust" die Ursache für den Wirtschaftsboom in Japan in den achtziger Jahren des 20. Jahrhunderts und die darauf folgende, lang andauernde Phase der Stagnation. Der Boom erfolgte, nachdem die japanische Zentralbank die Zinsen gesenkt hatte. Vom Beginn bis zum Ende der achtziger Jahre sanken die Zinsen kontinuierlich. Die Geldmenge vergrößerte sich jährlich im Durchschnitt um über neun Prozent. Das senkte die Kosten für Kredite und führte zu einer Kreditblase, die Anreize setzte sich zu verschulden und in riskante Projekte zu investieren.

Die Verschuldung der Privathaushalte erhöhte sich von neun Billionen Yen im Jahr 1979 auf 67 Billionen Yen im Jahr 1991. Die privaten Unternehmen nahmen in diesem Zeitraum 85 Billionen Yen auf dem Aktienmarkt auf und steigerten ihre Ausgaben auf Rekordniveau. Das Volumen des Marktes für japanische Wertpapiere stieg in diesem Zeitraum von 29 Prozent des Nationaleinkommens auf 151 Prozent des Nationaleinkommens an, mit jährlichen Wertzuwächsen von 15 Prozent.

Als die japanische Zentralbank in den Jahren 1989 und 1990 dazu überging, die Zinsen zu erhöhen, fiel das Kartenhaus in sich zusammen. Der Nikkei verlor 80 Prozent, die Immobilienpreise fielen in den Jahren von 1991 bis 1998 um 80 Prozent. Die Arbeitslosigkeit stieg in diesem Zeitraum von 2,1 Prozent auf 4,7 Prozent. Die Österreichische Schule der Nationalökonomie, zu denen Ludwig von Mises, Friedrich August von Hayek und Murray Rothbard zählen, empfehlen für einen solchen Fall eine möglichst schnelle Liquidierung der Fehlinvestitionen und die Vermeidung schädlicher Staatsintervention.

Die japanische Regierung setzte hingegen auf keynesianische Konzepte zur Krisenbewältigung. In den zehn Jahren zwischen 1990 und 2000 verabschiedete die japanische Regierung zehn Konjunkturprogramme mit einem Volumen von 100 Billionen Yen. Die Zinsen wurden bis auf Nullniveau gesenkt.

Das führte aber nicht wie beabsichtig zu einer Ausweitung der privaten Kreditaufnahme und der Inflationierung der Wirtschaft. Die Keynesianer führten das auf die „Liquiditätsfalle" zurück und empfahlen dem Staat für die privaten Unternehmen als Kreditnehmer einzuspringen und der Zentralbank direkt in den Markt einzugreifen.

Die japanische Zentralbank setzte auf die Abwertung des Yen und den Aufkauf von Wertpapieren, um Geld in den Wirtschaftskreislauf zu pumpen. Die Japanische Zentralbank erhöhte ihren Wertpapierbestand allein in den Jahren 1997 und 1998 von null auf 117 Milliarden Dollar. Hinzu kam ein 514 Milliarden Dollar umfassendes Bailout-Programm der Regierung für notleidende Banken.

Diese Maßnahmen führten aber nicht aus der Krise, sondern schufen neue Probleme. Die staatlichen Konjunktur- und Nachfrageprogramme erhöhten die Verschuldung der öffentlichen Haushalte auf über 200 Prozent des BIP. Da die Regierung die Geldversorgung der Wirtschaft direkt übernommen hatte, um die restriktive Kreditpolitik der Banken zu umgehen, wurde die Wirtschaft von den Launen der Politik abhängig. Die Versorgung der Unternehmen mit Kredit erfolgte nicht mehr nach ökonomischer Effektivität, sondern nach politischer

Opportunität. Besonders stark wurden Unternehmen, die die Liberal-demokratische Partei unterstützten, gefördert.

Weingarten vertritt die These, diese Maßnahmen hätten wesentlich zum „verlorenen Jahrzehnt" der japanischen Wirtschaft beigetragen: „Gescheiterte Unternehmen zu schützen ist unglaublich schädlich für die Wirtschaft und verzögert nur die unvermeidliche und notwendige Korrektur. Zuzulassen, dass Unternehmungen scheitern führt zur grundlegenden Neuordnung, aus der profitable Unternehmen hervorgehen, oder ihre werthaltigen Teile an gesündere Unternehmen verkauft werden." Obwohl Japan zeigt, dass eine Politik des leichten Geldes und Konjunkturprogramme die Überwindung einer Krise nicht fördern, sondern verzögern, hat sich die US-Politik unter Präsident Obama diese Politik zum Vorbild genommen. Japan will diesen Kurs derweil nicht nur fortsetzen, sondern noch verstärken.

Literatur:

Benjamin Weingarten: The Cause of Japan's Boom and The Reasons for Its Prolonged Bust (http://mises.org/journals/scholar/ weingarten.pdf)

Veröffentlicht am 13. Februar 2013

Krise von 1929 und 2007: Hoover und Bush waren Interventionisten

Mark Thornton macht in einem Aufsatz „Hoover, Bush, and Great Depressions" auf die Parallelen zwischen der Politik der Hoover- und Roosevelt-Administration in den dreißiger Jahren einerseits und der Bush-Administration andererseits aufmerksam. Bis heute wird die angebliche Laissez-faire-Politik Hoovers und Bushs für die große Depression von 1929 und die Krise von 2007 verantwortlich gemacht. Doch anders als der historische Mythos glauben macht, betrieben weder Präsident Bush noch Präsident Hoover eine marktwirtschaftliche Politik. Beide waren keine Laissez-faire-Politiker, sondern ausgesprochene

Interventionisten. In beiden Fälle habe der ökonomische Interventionismus den Abschwung nach dem Crash nicht gestoppt, sondern verlängert.

Oft wird die Geschichte so erzählt: Nach dem Crash von 1929 hätte die US-Regierung Schulden aufnehmen müssen, um die Wirtschaft anzukurbeln. Die Laissez-faire-Politik von Präsident Hoover habe dann in die große Depression geführt, da sie auf Austerität statt auf staatliche Ausgaben gesetzt habe.

Doch eine solche Laissez-faire-Politik, die angeblich für die Depression verantwortlich sein soll, hatte es gar nicht gegeben, sondern das Gegenteil: Die Ausgaben der US-Regierung stiegen unter Hoover nach dem Crash von 1929 in nur zwei Jahren um 50 Prozent. Der kleine Haushaltsüberschuss verwandelte sich in ein Defizit von vier Prozent des BIP. Gleichzeitig wurden die Zinssätze durch die US-Notenbank von sechs Prozent auf 1,5 Prozent gesenkt – auf das niedrigste Niveau in der Geschichte der US-Wirtschaft.

Hoovers Politik nach dem Crash von 1929 trug wesentlich zur großen Depression bei. Er verpflichtete auf einer nationalen Konferenz im Weißen Haus die Arbeitgeber darauf, trotz der gestiegenen Arbeitslosenzahlen die Löhne nicht zu senken, und er bestärkte die Gewerkschaften darin, keine Lohnsenkungen zu akzeptieren. Am Ende der Amtszeit von Hoover lagen die Löhne in den USA höher als Anfang 1929.

Hoover brachte Bauprogramme für die Eisenbahn und öffentliche Infrastrukturprogramme auf den Weg und erhöhte die Subventionen für die Landwirtschaft. 1930 unterschrieb Hoover den Smoot-Hawley Tariff Act, mit dem die Zölle für über 20.000 Produkte drastisch erhöht wurden, und versetzte damit dem internationalen Handel einen schweren Schlag. Hoover selbst sprach vom „gigantischsten Programm" zur Verteidigung der Wirtschaft in der Geschichte der USA. Der Hoover-Biograph Harris Warren bezeichnete Hoover deshalb als den eigentlichen Architekten des New Deal.

Als Hoover 1929 Präsident wurde, hatte er sich schon 10 Jahre für eine solche Politik stark gemacht. Seine Strategie basierte darauf, Rezessionen durch die Anhebung der Löhne und öffentliche Beschäftigung zu verhindern. Er glaubte, dass hohe Löhne zu höherem Wirtschaftswachstum führen würden. Das Gegenteil war der Fall: aus dem Abschwung nach dem Crash wurde eine über ein Jahrzehnt andauernde Depression.

Auch die Politik von Bush wird oft mit dem Etikett "neoliberal" versehen, aber von Haushaltskonsolidierung und dem Rückzug des Staates kann keine Rede sein: Unter Bush stiegen die Ausgaben der US-Regierung von 18,5 auf 21 Prozent (von was), das höchste Niveau seit 1994. Als Bush an die Regierung kam, gab es im US-Haushalt einen Überschuss von 1,3 Prozent des BIP, als er sein Amt abgab lag das Defizit bei 3,2 Prozent des BIP. In absoluten Zahlen ausgedrückt stiegen die Ausgaben unter der Bush-Administration um eine Billion Euro an. Die Jahre der Bush-Administration waren zudem gekennzeichnet durch eine Niedrigzinspolitik der US-Notenbank.

Um die Krise zu bekämpfen verabschiedete die Bush-Administration das Troubled Asset Relief Program (TARP) in einer Größenordnung von 700 Milliarden Dollar. Während Hoover seine Interventionen zur Bekämpfung auf den Arbeitsmarkt konzentrierte, konzentrierte sich die Bush-Administration auf Interventionen im Finanzsektor.

Abschließend lässt sich festhalten: Sowohl Hoover als auch Bush erhöhten die Kreditaufnahme und die Staatsausgaben. Diese Politik wurde durch die Niedrigzinspolitik der Zentralbank flankiert. Bush intervenierte massiv im Finanzsektor und Hoover auf dem Arbeitsmarkt. In beiden Fällen wurde die Krise durch diese Politik nicht überwunden, sondern dauerte Jahre lang an.

Literatur:

Mark Thornton: Hoover, Bush, and Great Depressions, in: The Quarterly Journal of austrian Economics 13, No. 3 (2010), 86-100.

Veröffentlicht am 4. Februar 2013

Der Mythos vom wohltätigen Exportüberschuss

Es vergeht kein Tag, an dem man nicht hört und liest, Deutschland profitiere am meisten von der Eurozone, weil es in die Eurozone exportiere. Der Kult, der in Deutschland um den Exportüberschuss betrieben wird, ist schon fast eine fixe Idee. Exporte sind gut, sie sind aber nur deshalb gut, weil man mit den Einnahmen aus den Exporten Importe bezahlen kann. Dadurch steht jedem Einzelnen von uns ein größeres Warenangebot zur Verfügung als ohne den Handel. Und dank der Exporte verfügen wir über die Einnahmen, die wir benötigen, um die Ausgaben für die Importe zu bezahlen.

Ein Beispiel: In Deutschland stehen Arbeitnehmer morgens auf, gehen in die Autofabrik und produzieren – Mercedes, BMW und Audi. Diese werden dann im Ausland verkauft, z.B. in Griechenland, das Geld für den Kaufpreis fließt dann nach Deutschland. Die produzierenden deutschen Arbeitnehmer können nun mit diesem Geld zum Beispiel in Griechenland Urlaub machen und das Geld fließt wieder zurück. Das ganze ist also ein fairer Tausch, Autos gegen preiswerten Urlaub. Je mehr deutsche Autos, Maschinen, Konsumgüter im Ausland verkauft werden, umso mehr Güter und Dienstleistungen können im Ausland eingekauft werden. Das setzt aber immer eine Gegenleistung voraus. Und das bedeutet, der Handelspartner muss wettbewerbsfähig sein, also attraktive Produkte und Dienstleistungen anbieten.

Es gibt aber auch einen Export, der arm macht. Nehmen wir an das Land A exportiert Güter und Dienstleistungen an Land B. Land B bezahlt die Güter und Dienstleistungen mit Krediten aus Land A. Eines Tages stellt Land B fest, dass es die Kredite aus Land A nicht bedienen kann. Die Steuerzahler von Land A kommen nun für die Kredite aus Land B auf und leisten Transferzahlungen an Land B, damit die Menschen in Land B weiterhin Exportgüter aus Land A kaufen können. Die offenkundige Frage lautet: Worin besteht hier der Vorteil?

Wenn Deutschland in die Eurozone exportiert und die Exporte nur nachgefragt werden, weil die deutschen Steuerzahler für Kredite und Transferzahlungen aufkommen, mit denen die Menschen der europäischen Importländer die deutschen Exporte kaufen können, dann hat das für Deutsche keinen Vorteil. Das ist geradeso als würde der Bäcker seinen Kunden Geld geben, damit diese ihm seine Semmeln abkaufen. Ein solcher Vorgang ist lediglich eine Subventionierung der Exportindustrie auf Kosten der übrigen Wirtschaftssektoren. Man könnte dann die Produkte genauso gut verschenken. Das Ziel, einen Exportüberschuss um jeden Preis zu erwirtschaften, dient einzelnen Sektoren der Wirtschaft, der Allgemeinheit dient es nicht.

Veröffentlicht am 14. September 2011

Schuldenkrise: Inflation, Deflation oder dauernde Stagnation?

Ein Großteil der Vermögenswerte einer modernen Volkswirtschaft beruht auf Forderungen und das bedeutet letztlich auf Erwartungen. Kredite und Anleihen, Renten- und Pensionsansprüche sind Vermögenswerte, deren Wert auf der Bonität des Schuldners beruht und auf der Erwartung aufbaut, dass der Gläubiger zahlungsfähig und die Währung, in der diese Forderungen beglichen werden, stabil bleibt.

Die Summe aller Forderungen beträgt heute ein Vielfaches der Wirtschaftsleistung. Die USA und die Bundesrepublik liegen dabei etwa auf demselben Niveau, Deutschland: 223 Prozent, USA: 237 Prozent (beide ohne Finanzsektor). Auf dem Höhepunkt der Blase 1929 vor der Weltwirtschaftskrise und der großen Depression waren es 190 Prozent. Es liegt auf der Hand, dass wahrscheinlich nicht alle diese Forderungen bedient werden können und viele ganz oder teilweise abgeschrieben werden müssen. Die Staatsschuldenkrise Griechenlands ist erst der Anfang.

Ein Großteil dieser enormen Schuldenlast beruht auf der Verschuldung der öffentlichen Haushalte. Staatsanleihen galten Jahrzehnte lang als risikoarme Geldanlage. Sparer, Banken, Fonds und Lebensversicherungen haben, zum Teil vorschriftengemäß, einen Großteil ihrer Rücklagen in Anleihen angelegt. Die Annahme war stets: der Staat kann nicht pleitegehen. Diese scheinbare Gewissheit wird nun nicht nur von der Geschichte Lügen gestraft, sondern auch von der aktuellen Griechenlandkrise.

Die öffentlichen Haushalte sind auch hierzulande vollkommen überschuldet – die kommunale Ebene ebenso wie Bund und Länder. In NRW liegt die Pro-Kopfverschuldung der Gemeinden schon bei 1.000 Euro, im Vergleich zu 15 Euro etwa in Sachsen. Manche Gemeinden sind mit bis zu 6.000 Euro pro Einwohner verschuldet. Ohne die Hilfe von Bund und Ländern ist eine Entschuldung, zumal ohne Forderungsverzicht der Gläubiger, schon heute unmöglich.

Das bedeutet ein großer Teil der Vermögenswerte wird früher oder später entwertet und abgeschrieben werden müssen. Folglich können viele öffentliche Leistungen in Zukunft nicht mehr auf die gewohnte Weise angeboten werden. Lebensstandard und Ausgabeverhalten werden sich dem neuen, korrigierten Vermögens- und Leistungsniveau anpassen müssen. Heute sind die Preise auch für Sachgüter wie Immobilien, Gold und Aktien so hoch, dass eine breite Absetzmöglichkeit aus den illiquiden Forderungen weitgehend versperrt ist.

Der Finanzexperte Dimitri Speck hat in seinem Buch „Geheime Goldpolitik" drei Szenarien beschrieben, die auf die Kreditblase folgen können. Die erste mögliche Folge ist die Deflation: „Je mehr Forderungen es gibt, desto höher ist das Potential eines deflationären Kollapses, eines Ausfalls der Schuldner und mit ihnen der Forderungen." In diesem Prozess wird der künstliche, auf Schulden beruhende Wohlstand aus den Büchern getilgt. Die Wirtschaft schrumpft. Der Vorteil dieses Depressions-Schocks wäre eine drastische, aber endgültige Bereinigung des Schuldenproblems. Quasi ein Ende mit Schrecken. Das zweite Szenario ist die Inflation. Durch steigende Inflation werden die Forderungen nominal erfüllt, aber faktisch entwertet, ebenso die Ersparnisse.

Das dritte Szenario ist der Weg, den Japan in den neunziger Jahren beschritten hat. In den Achtzigern gab es im Reich der aufgehenden Sonne eine Mega-Kreditblase. Die Gesamtforderungen lagen damals bei 250 Prozent. Als die Kreditblase platzte, kam es weder zu einer Hyperinflation noch zu einer Depression, vielmehr zu einer weit über ein Jahrzehnt andauernden Stagnation. Die Vermögenspreise vielen relativ stetig, nicht in einem einzigen großen Rutsch. Die Luft wurde quasi langsam aus der Blase gelassen und der Anpassungsprozess zeitlich gedehnt. Das verspricht zwar größere Stabilität, aber auch einen Aufschub der wirtschaftlichen Erholung und der drängenden Rückkehr auf einen soliden Wachstumspfad.

Literatur:

Dimitri Speck: Geheime Goldpolitik. Warum die Zentralbanken den Goldpreis steuern, Finanzbuchverlag 2010.

Veröffentlicht am 27. Juni 2011

Demographie ist zu komplex für Bevölkerungspolitik

Die Politiker wählen in der Regel jenen Aspekt eines Problems aus, der aus ihrer Sicht bearbeitbar erscheint. Mit der These, dass wenig Kinder geboren werden, weil Familien zu wenig Geld haben oder die Kinderbetreuung nicht genug ausgebaut ist, kann die Politik gut leben, da sich die behauptete Hilfsbedürftigkeit bearbeiten lässt. Was Politiker hingegen nicht mögen, sind Probleme, bei denen sie einräumen müssen, dass die Politik sie nicht lösen kann. Vätermonate, Mutterschaftsgeld, Krippenplätze, das alles sind politische Mittel, mit dem Schönheitsfehler, dass in der Regel das Geld dafür fehlt. Hinzu kommt ein gravierender Schönheitsfehler: die vorausgesagten Folgen der eingesetzten politischen Mittel werden nicht eintreffen. Denn nur weil eine

Erklärung politisch opportun ist, heißt es noch nicht, dass sie den Kern des Problems trifft. So wird bereits auf den ersten Blick deutlich, dass der Rückgang der Geburtenrate mit gewissen Schwankungen über hundert Jahre andauert und extrem unterschiedliche Gesellschaften betrifft.

In Skandinavien und Frankreich sind die staatlichen Leistungen für Familien hoch und die Geburtenrate ist höher als in der Bundesrepublik. In den USA gibt es so gut wie keine staatliche Kinderbetreuung und die Geburtenrate ist noch höher. In den neuen Bundesländern gibt es eine viel größere Betreuungsdichte als in Westdeutschland und dennoch führen Baden-Württemberg und Sachsen-Anhalt, während Mecklenburg in der Statistik ganz hinten liegt. Der Rückgang der Geburtenraten betrifft Staaten, in denen der Staat völlig unterschiedliche Funktionen ausübt. In Hongkong spielt der Staat in der Wirtschaft eine geringe Rolle und die Geburtenrate ist extrem niedrig, noch niedriger als in der Bundesrepublik. Im Kosovo spielt der Staat aus anderen Grünen kaum eine Rolle und die Geburtenrate liegt auf einem europäischen Rekordhoch. Es ist auffällig, dass viele Länder, die zur Gruppe der reichen Staaten der Welt gehören, sehr niedrige Geburtenraten haben, während zu den Ländern mit den höchsten Geburtenraten vor allem sehr arme Länder zählen. Aber auch in der arabischen Welt fallen die Geburtenraten, Russland und Osteuropa befinden sich am Ende des Zuges.

Was zeigt das? Demographie ist zu komplex für ein Patentrezept. Die These „mehr Krippen – höhere Geburtenrate" geht nicht auf.

Veröffentlicht am 24. Dezember 2010

Massenproteste und Konsolidierung: Bequeme Reformen gibt es nicht

In der letzten Woche hatten in Griechenland Proteste gegen die Haushaltssanierung das Land faktisch lahm gelegt. Flugzeuge, Bahnen, Schiffe und Rundfunk – alles stand laut SPIEGEL-Online still. Die Streiks richteten sich gegen das Sparprogramm der sozialistischen Regierung von Ministerpräsident Georgios Papandreou. Griechenland hat Schulden in Höhe von fast 300 Milliarden Euro und steht vor der Staatspleite. Das hindert die von Kürzungen Betroffenen nicht daran, um jeden Euro zu kämpfen. Wenn es um politische Verteilungskämpfe geht, erreicht man mit Argumenten offenbar nichts. Wenn es um Kürzungen staatlicher Mittel geht, zählt keine Vernunft mehr, bürgerliche Umgangsformen werden über Bord geworfen, teilweise hilft nicht einmal mehr das bürgerliche Strafgesetzbuch. Diffamierung, Nötigung, Beleidigung, Beschädigung öffentlichen Eigentums – jedes Mittel ist recht, um sich einen Platz am Trog öffentlicher Zuwendungen zu sichern.

Die Neuverschuldung des deutschen Bundeshaushaltes liegt bei weit über achtzig Milliarden Euro. Würden entsprechend hohe Beträge im Bundeshaushalt gestrichen, dann würde es auch in Deutschland richtig rund gehen. Deshalb werden Subventionskürzungen auch in Deutschland in der Regel angekündigt, aber nicht umgesetzt. Als FDP-Wirtschaftsminister Jürgen Möllermann nach den Bundestagswahlen 1990 tatsächlich Ernst machen wollte mit dem Subventionsabbau, erlebte er sein blaues Wunder. Der Vorsitzende der IG-Bergbau Berger verfasste einen Brief, der an die Bundestagsabgeordneten verschickt wurde. Dort malte er die Lage in düsteren Farben: „Angst droht umzuschlagen in Wut, Zorn und Verbitterung." Diese Wut zeigte sich als auf Großdemonstrationen eine Möllemann-Puppe verbrannt wurde. In der ersten Oktoberwoche 1991 demonstrierten 140.000 Kumpel und ihr Anhang gegen den Abbau der Kohlesubventionen. Die Wochenzeitung DIE ZEIT sagte voraus: „…die Bergarbeitergewerkschaft würde im

Ernstfall das Revier auf den Kopf stellen. Das steht kein Politiker durch."

Schon in den achtziger Jahren war Finanzminister Stoltenberg mit dem Versuch die Subventionen zu kürzen gescheitert. Wo auch immer Stoltenberg im Europawahlkampf im Sommer 1984 als Landesvorsitzender in Schleswig-Holstein auftrat, wurde er von wütenden Bauern empfangen, die ihren Protest lautstark zum Ausdruck brachten. Unter diesem Druck beugte sich Stoltenberg der Bauernlobby und wich seit seiner Amtsübernahme im Herbst 1982 zum ersten Mal deutlich von seinem Sparkurs ab. Die Bauern erbeuteten auf diese Weise über mehrere Jahre hinweg 20 Milliarden Mark an zusätzlichen Subventionen. Grundsätzlich gilt: Desto rabiater und diffamierender eine Lobby auftritt, umso größer sind ihre Chancen sich auf Kosten der übrigen Steuerzahler und Sparer bedienen zu dürfen.

Hinter dem Versagen der Politik bei der Sanierung der Staatsfinanzen verbirgt sich Menschliches, allzu Menschliches. Es gibt nicht viele Menschen, die starke emotionale Ablehnung bis hin zum Hass einfach kalt lächelnd wegstecken. Darum haben es die Menschen verständlicherweise nicht gern, wenn aufgebrachte Arbeitslose sie mit Eiern bewerfen, Gewerkschaftstruppen Puppen verbrennen, die mit dem eigenen Namen beschriftet sind, und erboste Bauern Kuhmist vor das Ministerium kippen. Wer hat schon Zeitungs- und Fernsehkommentare gerne, die einen menschlich zwischen Dagobert Duck und Dschingis Khan einordnen? Dieser Druck spielt psychologisch eine genauso große Rolle wie die Angst Stimmen zu verlieren, obwohl häufig die Protestierenden, wie im Fall der Bergleute, gar nicht zur Wählerschaft des verantwortlichen Politikers gehören.

Genau diese Auseinandersetzung muss eine Regierung aber auf sich nehmen, die den Staatshaushalt sanieren will. Wer einfach nur bequem regieren und sich im Amt eine gute Zeit machen will, hat keine Chance etwas zu bewegen.

Veröffentlicht am 20. März 2010

Die monetaristische Revolution

In "Milton Friedman und die monetaristische Revolution in Deutschland" beschreibt Hauke Janssen wie sich das monetaristische Lehrgebäude in Deutschland durchsetzen konnte. Noch bis Ende der sechziger Jahre gab es in den großen wirtschaftswissenschaftlichen Zeitschriften kaum etwas von und über Milton Friedman zu lesen, aber schon wenige Jahre später übernahm die Bundesbank als eine der ersten Zentralbanken die von Friedman empfohlene Geldmengenkontrolle. Die Geschwindigkeit, mit der sich der Monetarismus durchsetzte, rechtfertigt den Begriff "Revolution".

In seiner Einleitung beschreibt Janssen Friedmans Werdegang sowie seine Entwicklung zum Begründer des Monetarismus und radikalen Liberalen. Während sich in den Vereinigten Staaten in den fünfziger Jahren die monetaristische Geldtheorie zum Gegenspieler des Keynesianismus entwickelte, vollzog Westdeutschland gerade erst eine nachgeholte "Keynesianische Revolution". Die deutschen Neo-liberalen – die Ordoliberalen – ließen Friedman in Deutschland erstmals zu Wort kommen. Ihr Zentralorgan, die Zeitschrift ORDO, war die erste und zunächst einzige Fachzeitschrift, die über Friedman berichtete.

Ironischerweise erreichten die kapitalistischen Ideen Friedmans fast zeitgleich mit den marxistischen Parolen der Studentenrevolte ihren Durchbruch – und aus demselben Grund. Janssen führt diesen Erfolg auf den wissenschaftssoziologischen Umstand zurück, dass eine junge Generation von Wirtschaftswissenschaftlern genau wie ihre linken Kommilitonen mit modernen Ideen gegen das Establishment rebellierte. Abweichend richtete sich die wissenschaftliche "Rebellion" nicht gegen den Kapitalismus, sondern gegen den in ihrem Fachbereich dominanten Keynesianismus.

Die zentralen Figuren dieser "Revolution" waren der Schweizer Karl Brunner und sein Partner Allan H. Meltzer. Von Brunner sagt man bis heute, er habe die monetaristische Revolution aus den USA "nach

Deutschland gebracht". Neben Brunners theoretischen Beiträgen war vor allem die Gründung des "Konstanzer Seminars für Geldtheorie und Geldpolitik", das die Lücke zwischen Theorie und Praxis schließen sollte, für die Verbreitung der Lehre verantwortlich. Es gelang führende Geldpolitiker zur Teilnahme zu bewegen, darunter wichtige Repräsentanten der Bundesbank wie ihren Chefvolkswirt und späteren Präsidenten Helmut Schlesinger.

Nun schließt sich der Kreis: Am 5. Dezember 1974 legte die Bundesbank erstmals ein quantitatives monetäres Ziel fest, so wie es Friedman gefordert hatte. Dieser Politik ist die Bundesbank bis zu Einführung des Euro treu geblieben.

Das Buch bietet nicht nur ein Beispiel für den Verlauf einer wissenschaftlichen Revolution, sondern auch eine detailreiche Darstellung der zum Teil komplizierten theoretischen Argumente. Leider fehlt eine Beurteilung, ob der Sieg über die Inflation in den achtziger Jahren und die Stabilität der Mark Folgen dieser Politik gewesen sind, ob sich also die "Monetaristische Revolution" letztendlich für Deutschland ausgezahlt hat. Das Buch ist Studenten der Wirtschaftswissenschaft und Wissenschaftsgeschichte sehr zu empfehlen; es stellt einen wichtigen Baustein zur Geschichtsschreibung der Wirtschaftspolitik der Bundesrepublik Deutschland dar.

Literatur:

Hauke Janssen: Milton Friedman und die monetaristische Revolution in Deutschland: Beiträge zur Geschichte der deutschsprachigen Ökonomie, Marburg 2006.

Veröffentlicht am 19. Oktober 2009

Ideengeschichte

Sigmund Freud und Ludwig von Mises

Anders als etwa sein Schüler Friedrich August von Hayek bezog sich der liberale Ökonom Ludwig von Mises in seinen Schriften auch auf Sigmund Freud. Mark Sunwall hat in seinem Aufsatz „Sigmund Freud and Ludwig von Mises: The Family Resemblance of Two Meta-Pessimists" die Ähnlichkeiten ihrer Denkansätze untersucht. Zwar habe Freud keine Kenntnis und kaum Interesse an den ökonomischen Debatten seiner Zeit gezeigt, aber beide Denker verbinde, dass sie keine Positivisten waren und die Idee teilten, man könne auf der Basis eines realistischen Menschenbildes Verbesserungen erreichen. Sunwall bringt ihren gemeinsamen Ausgangspunkt mit dem Begriff „Meta-Pessimismus" auf den Punkt.

Ludwig von Mises hat die Aufgaben der Ökonomie und der Psychologie klar voneinander unterschieden: Die Ökonomie beschreibt wie Menschen entsprechend ihrer Entscheidungen handeln, wie Menschen Prioritäten setzen und diese realisieren. Sie behandelt nicht die Vor-gänge in der menschlichen Psyche. Sie beschreibt Handlungen als Ergebnis einer unterschiedlichen Bewertung verschiedener individueller Ziele, aber nicht warum ein einzelner Mensch einem bestimmten Ziel den Vorrang vor einem anderen Ziel gibt.

Ein Beispiel: Wenn eine Person eine bestimmte Summe ausgibt, um einen Strandurlaub zu machen statt einen Skiurlaub, dann zeigt das, dass ihm der Strandurlaub größeren Genuss verspricht als der Ski-urlaub. Die emotionalen Prozesse, die dazu führen, dass er vom Strand-urlaub mehr Genuss erwartet als vom Skiurlaub, gehört nicht in den Bereich der Ökonomie, sondern der Psychologie.

Sunwall plädiert dafür, die Ansätze beider Denker, die Praxeologie von Mises und die Psychoanalyse von Freud, zu kombinieren. So lassen sich etwa die Strategien der Politiker und das politische System gut praxeologisch mit Mises und durch den ökonomischen Public Choice-Ansatz erklären. Die Frage hingegen, warum so viele Menschen bereit sind, dem Staat zu gehorchen, lasse sich mit den Erkenntnissen zur Massenpsychologie von Sigmund Freud erklären.

Zwei (künftige) zentrale Aufgabenfelder der Österreichischen Theorie der Nationalökonomie sieht der Autor darin, einerseits zu beschreiben, wie eine Gesellschaft ohne Staat existieren kann, andererseits zu erklären, warum es überhaupt einen Staat gibt und warum dieser so hartnäckig fortbesteht, obwohl ein friedliches Miteinander auch ohne Staat vorstellbar wäre. Im ersten Feld wurden von liberalen Ökonomen substanzielle Beiträge zur spontanen Ordnung und dezentralen Koordination menschlichen Handelns geliefert. Die Antwort auf das zweite Problem bleibe aber oft wage.

Freuds Massenpsychologie könne dazu beitragen die Frage zu beantworten, warum Menschen bereit sind einer Abstraktion wie dem Staat zu gehorchen, und das selbst dann, wenn die Befehle von dort moralisch fragwürdig sind. Freud sah neben der Libido im Menschen auch stark destruktive Impulse am Wirken, die nichtsdestotrotz von den Menschen lustvoll erlebt werden können. Um diese Lust am Destruktiven zur tarnen, würden diese Impulse rationalisiert und legitimiert. Dies geschehe am wirksamsten durch die Rechtfertigung der Impulse durch ein externes Über-Ich. Der Staat, so Sunwall, stelle eine solche externe Projektionsfläche dar.

Besonders deutlich werde dieser verborgene Sadismus in der Lust andere Menschen moralisch zu tyrannisieren. In allen möglichen Bewegungen, die mit Hilfe des Staates „moralische Reformen" durchdrücken wollten, komme diese Lust andere zu schikanieren zum Ausdruck. Durch den Staat könnten die Protagonisten dieses Bedürfnis, den Mitmenschen Verbote und Restriktionen aufzuerlegen, um sie so zu malträtieren, ohne schlechtes Gewissen ausgelebt werden. Daraus würde sich auch erklären, warum nach außen hin besonders aggressive Regierungen oft einen breiten Rückhalt in der Bevölkerung gefunden hätten.

Die Bereitschaft einer staatlichen Autorität zu gehorchen, beruhe aber nicht nur auf den destruktiven Instinkten, vielmehr spreche der autoritäre Staat auch die „Libido" an. Dazu gehöre einerseits das Versprechen die Bevölkerung mit „kostenlosen" Gütern und Dienstleistungen zu versorgen und die Organisation großer öffentlicher Spektakel. Dass der Staat diese Versprechen in der Regel nicht einhalten könne, sei für das Lustempfinden, das diese Versprechen bei der Ankündigung auslösten, kaum relevant. Es handele sich wohl um eine Form von Vorfreude, die immer weiter in die Zukunft verschoben werden kann.

Der Staat schaffe durch die Befriedigung und Rechtfertigung aggressiver Impulse die Möglichkeit, sich selbst moralisch aufzuwerten und den Bürgern durch Versprechen für die Zukunft sowie öffentliche Spektakel ein „psychisches Einkommen." Dies sei allerdings nicht gleichmäßig in der Bevölkerung verteilt. Folglich betreffe ein zentraler Teil der politischen Auseinandersetzung die Frage, wer wen moralisch bevormunden dürfe und seine aggressiven Impulse mittels einer Politik auf Kosten anderer legitimieren könne und ausleben dürfe. Politiker und Parteien versuchten ihren Anhänger ein möglichst großes „psychologisches Einkommen" zu bieten, um die Loyalität unter ihren Anhängern zu stärken.

Für Liberale folge daraus, dass sie die aggressiven Impulse der menschlichen Natur nicht einfach ignorieren oder bestreiten sollten, sondern mit diesen Impulsen rechnen müssten. Der Glaube an den Fortschritt zu mehr Freiheit sei oft gekoppelt gewesen mit einer optimistischen Sicht auf die Natur des Menschen. Eine pessimistischere Sicht auf die Instinkte des Menschen sei aber wohl realistischer. Mises und Freud stünden beide insoweit für ein realistisches Menschenbild, als sie von den subjektiven Wünschen der Menschen als Gegebenheiten ausgingen und einen Fortschritt auf Basis dieser realistischen Einschätzung der menschlichen Natur anstrebten.

Veröffentlicht am 12. April 2013

Wilhelm von Humboldts Liberalismus

Wilhelm von Humboldt ist einer der großen deutschen Liberalen des 19. Jahrhunderts. Mit seiner politischen Philosophie beeinflusste er unter anderem John Stuart Mill. In einem sehr lesenswerten Beitrag des Jahrbuchs zur Liberalismus-Forschung 2008 ist Marco Iorio der Frage nachgegangen, ob Humboldt als liberaler oder vielleicht sogar als früher libertärer Denker einzuordnen sei, der in dem Staat lediglich eine Schutzgemeinschaft ohne weitere Aufgabenfelder gesehen hat und somit einen Minimalstaat befürwortet hat.

Für seine Untersuchung unterscheidet Iorio jene Ausprägungen des Liberalismus, die den Staat auf die Funktion einer Sicherheitsagentur beschränkten wollten von denen, die ihm zubilligen durch bestimmte Eingriffe ein soziales Mindestniveau für jedermann sicherzustellen. Die erste Position tritt für einen reinen Minimalstaat ein. Er unterscheidet hier noch einmal zwischen zwei Gruppen. Die erste argumentiert ökonomisch, dass Staatseingriffe ineffizient sind. Die zweite moral-philosophisch, dass Staatseingriffe und Umverteilung ungerecht sind. Für die zweite Position nimmt er eine weitere Differenzierung vor und unterscheidet zwischen denen, die die Garantie dieses Mindestniveaus direkt über die Umverteilung durch Besteuerung erreichen wollen, und diejenigen, die das durch die Schaffung ordnungspolitischer Rahmen-bedingungen erreichen wollen.

Iorio sieht Humboldt in seiner Schrift „Ideen zu einem Versuch, die Grenzen der Wirksamkeit des Staates zu bestimmen" vor allem die erste Position vertreten. Demnach soll für Humboldt der Staat „weder direkt in die Vermögensverhältnisse und Versorgungslage der einzelnen Individuen eingreifen, noch versuchen, einen indirekten Wohlstands-schub für die gesamte Gesellschaft zu erwirken, um auf diesem Weg das Wohlergehen der Menschen zu befördern. Überhaupt soll der Staat sich jedes positiven Handelns nach Möglichkeit enthalten." (Iorio)

Humboldts Begründung der Freiheit beruhe darauf, dass der preußi-sche Gelehrte Freiheit als Grundvoraussetzung für Bildung begreift. Für

Humboldt ist die „Mannigfaltigkeit der Situationen" für den Bildungsprozess von großer Bedeutung. Eine genormte Gesellschaft liefe dem offensichtlich entgegen. Die staatliche Politik führe zur Einförmigkeit statt zur Vielfalt. Jeder Mensch sei aber einzigartig. „Daher denkt sich Humboldt eine ideale Gesellschaft gewissermaßen aus einer bunten Vielfalt originaler Unikate bestehend."

Die Entfaltung der Persönlichkeit setze nach Humboldts Bildungsideal Selbstständigkeit voraus. Nicht nur die Selbstständigkeit, sondern auch die Fähigkeit zum sozialen Miteinander werde durch aktive Staatseingriffe gestört. Wer sich auf den Staat verlasse, überlasse auch dem Staat die Fürsorge für den Mitbürger, wodurch das Band zwischen den Bürgern geschwächt werde ebenso wie das Band innerhalb der Familien.

Daraus könnte man schlussfolgern, dass Humboldt also ein Minimalstaatskonzept im Auge hatte. Iorio stellt jedoch die Vermutung an, dass Humboldts Position sich nur auf die Monarchien seiner Zeit bezog. Er schreibt: „Meine Behauptung ist also, dass wir das, was Humboldt in seinem grünen Buch einen Staat nennt, heute gar nicht mehr aus eigener Anschauung kennen: nämlich eine autoritäre bzw. absolutistische Monarchie."

Neben dem Staat gibt es in Humboldts Schriften die Nationalvereine, die sich dadurch auszeichnen, dass sie durch Freiwilligkeit des Zusammenschlusses entstanden sind und die Möglichkeit der Modifikation und der Auflösung bieten. Ursprünglich waren nach Humboldt alle Staaten Nationalvereine, die für die Sicherheit gesorgt haben und erst durch die Etablierung einer dauerhaften Herrschaft zum Staat wurden. Iorio setzt nun diese Nationalvereine mit dem demokratischen Rechtsstaat gleich und unterstellt, dass Humboldt einer solchen Organisation auch sozial- und bildungspolitische Befugnisse zugesprochen hätte.

Diese These bleibt allerdings spekulativ. Allein aus zwei wohlmeinenden Äußerungen Humboldts zur sozialen Fürsorge, die der Autor als Begründung heranzieht, und dem Umstand, dass er später als preußischer Staatsmann selbst für die Bildungspolitik verantwortlich zeichnete, lässt sich eine so weitreichende Schlussfolgerung nicht belastbar herleiten. Wahrscheinlicher ist, dass auch der Praktiker Humboldt nach anderen Prinzipien gehandelt hat, als sie der Theoretiker Humboldt es in seinen Schriften tat. Eine gewisse Inkonsistenz in den Schriften scheint plausibler zu sein, als eine so vollkommene Konsistenz in Schriften und Handeln, wie sie der Autor in dem Beitrag unterstellt hatte.

Literatur:

Marco Iorio: Zwischen Liberalismus und Libertarianismus: Wilhelm von Humboldts politische Philosophie, in: Jahrbuch zur Liberalismus-Forschung, 20. Jahrgang Baden-Baden 2008.

Veröffentlicht am 9. April 2013

Irving Fisher vs. Ludwig von Mises: Wer sah den Crash von 1929 voraus?

Irving Fisher gilt als einer der einflussreichsten Ökonomen des 20. Jahrhunderts. Fisher trug wesentlich zur Mathematisierung der Wirtschaftswissenschaften bei. Er betonte die negativen Wirkungen von Inflation und Deflation und sah eine zentrale Aufgabe der Geldpolitik darin, die Preise und die Kaufkraft der Währung dauerhaft stabil zu halten. Er beeinflusste den Monetarismus und die Geldpolitik der Zentralbanken. Mark Thornton hat in einem Aufsatz mit dem Titel "Great Depression: Fisher vs. Mises" Fishers Sichtweisen auf die wirtschaftliche Entwicklung der 1920er Jahre und der anschießenden großen Depression mit der seines ökonomischen Kritikers Ludwig von Mises verglichen.

Fisher verklärte die 20er Jahre als neue Ära und glaubte, dass der Konjunkturzyklus der Vergangenheit angehören würde. Einen wesentlichen Anteil an dem wirtschaftlichen Aufschwung, den er für nachhaltig hielt, sprach er dem 1913 geschaffenen US-Zentralbanken-System zu. Fisher ging auch deshalb in die Geschichte ein, weil er kurz vor dem großen Crash von 1929 erklärte, die Aktienkurse hätten ein dauerhaft hohes Niveau erreicht. Fisher begrüßte die Bemühungen der US-Notenbank mehr Liquidität zur Verfügung zu stellen.

Im Jahr 1928 hatte Ludwig von Mises Fishers Ansatz einer Wirtschaftskalkulation anhand von Indexzahlen zu beschreiben kritisiert, weil er wegen systematischer Ungenauigkeiten zwangsläufig zu erheblichen Fehleinschätzungen führen müsse. Anders als Fisher ging Mises nicht von einem dauerhaften Aufschwung aus, sondern davon, dass der durch Kredit finanzierte Boom wie in der Vergangenheit zu einem Crash führen würde. Sein Schüler Friedrich August von Hayek unterstützte diese Sichtweise durch eine Reihe von Artikeln, die er im Frühjahr 1929 veröffentlichte.

Thornton weist darauf hin, dass weder Fisher noch die ihm bis heute nachfolgenden mathematisch ausgerichteten Ökonomen in der Lage waren, Blasen zu erkennen und Crashs vorauszusagen, obwohl sie selbst zutreffende Prognosen als den Lackmustest für ihre theoretischen Arbeiten angesehen hatten. Ludwig von Mises und seine Schüler haben indes ohne die mathematischen Modelle in vielen Fällen frühzeitig auf Fehlentwicklungen am Markt und kommende Crashs hingewiesen.

Literatur:

Mark Thornton: The Great Depression: Mises vs. Fisher, in: Quarterly Journal of Austrian Economics, Band 11, H 3 (Herbst 2008), 230-241.

Veröffentlicht am 27. März 2013

Hayeks Argumente gegen Keynes

Die Kontroverse zwischen Keynes und Hayek ist als eine der zentralen Debatten in die Geschichte der Wirtschaftswissenschaften eingegangen. Dabei galt die Auseinandersetzung gar nicht Keynes' Hauptwerk, der „Allgemeinen Theorie", sondern einem relativ unbekannten Werk, von dem sich Keynes später selbst distanzierte. Bis heute wird darüber diskutiert, warum Hayek auf die Allgemeine Theorie keine kritische Entgegnung verfasst hat. Der Ökonom David Sanz Bas argumentierte in einem Aufsatz, dass es diese Entgegnung durchaus gegeben habe, aber sie von der Öffentlichkeit nicht zur Kenntnis genommen worden sei. Seine Argumentation geht wie folgt:

Keynes erarbeitete seine Theorie zur Zeit der Weltwirtschaftskrise als viele Millionen Menschen von Arbeitslosigkeit betroffen waren. Seine Grundthese lautete, dass Arbeitslosigkeit die Folge fehlender Nachfrage ist. Die Ursache fehlender Nachfrage sah er zum ersten in der Neigung mit steigendem Einkommen einen wachsenden Anteil seines Einkommens zu sparen. Zwischen Sparen und Investieren bestehe, so Keynes, keine direkte Verbindung. Folglich komme es im Kapitalismus zwangsläufig zu einem permanenten Mangel an Nachfrage und zu chronischer Arbeitslosigkeit.

Zum zweiten glaube Keynes, dass Unternehmen durch die Unsicherheit, in der sie operieren, weniger ihrer rationalen Kalkulation folgen als vielmehr ihrem Instinkt, den „animal spirits". Investitionen erfolgten deshalb nicht vorhersehbar und kontinuierlich, sondern seien starken Schwankungen ausgesetzt. Diese strukturellen Defizite des Marktes könnten jedoch behoben werden, in dem der Staat die fehlende Nachfrage kompensiere. Zu den Maßnahmen, die der Staat ergreifen solle, gehörten die Absenkung des Zinssatzes, die Umverteilung von den hohen zu den niedrigen Einkommen, die einen großen Anteil ihrer Einnahmen konsumierten, und die öffentliche Investitionen.

Sanz Bas verweist nun auf zahlreiche Äußerungen in verschiedenen Schriften Hayeks, in denen der Österreicher explizit und implizit Kritik an Keynes Sichtweise äußerte. Obwohl diese Äußerungen sich über den Zeitraum von 1937 bis 1988 erstreckten, sei ihre innere Konsistenz bemerkenswert.

Eine zentrale Schwäche in Keynes Theoriegebäude sah Hayek darin, dass es nicht auf einer Kapitaltheorie beruhe. Tatsächlich bestehe die Produktionsstruktur aus einem Netzwerk von Millionen von Unternehmen, die mit- und nebeneinander agieren. Ohne eine Vorstellung davon zu haben, wie dieser Produktionsprozess abläuft, sei es unmöglich sinnvolle Aussagen über die Wirkung wirtschaftspolitischer Entscheidungen zu treffen. Keynes habe alles als Aggregat zusammengefasst und damit in extremer Form simplifiziert.

Keynes habe überdies wegen seiner fehlenden Vorstellung vom Produktionsprozess den Faktor Zeit außer Acht gelassen. In Keynes simplifizierter Aggregatswelt verliefen die Prozesse synchron und ohne Zeitverzögerung. Wenn die Nachfrage erhöht werde, erhöhe sich nach Keynes Theorie quasi automatisch und parallel dazu das Angebot. Um die zusätzlichen Waren für den Konsumenten zur Verfügung zu stellen, werde bei Keynes kaum Zeit benötigt. Nach Hayek sei Zeit aber das zentrale Element, um jeden Produktionsprozess zu verstehen. Gerade die Zeit, die von der Investition zur Produktion vergehe, erfordere, dass der Konsument sich bis dahin mit seinem Konsum zurückhalte, da sonst die Preise steigen würden.

Hayek sieht eine weitere Schwäche in Keynes Modell darin, dass dieser in der „Allgemeinen Theorie" letztlich alles lediglich über die Schwankung der Geldausgaben erklärt habe. Seine Diagnose beruhe allein auf der Betrachtung von Geldflüssen und vernachlässige die realen Prozesse, die den Geldströmen zu Grunde lägen.

Des Weiteren kritisierte Hayek den makroökonomischen Ansatz an sich. Ökonomie müsse beim einzelnen Akteur ansetzen. Zur Erklärung wirtschaftlicher Prozesse seien relative Preise, das heißt das Verhältnis der Preise zu einander, und die Struktur der Investitionen entscheidend, aber eben nicht Aggregate und allgemeine Lohnniveaus.

Schließlich kritisierte Hayek die kurzfristige Perspektive, die Keynes in dem Satz zum Ausdruck brachte: „In the long run, we are all dead." Eine derartige Auffassung befördere politische Entscheidungen, die kurzfristig zu guten Resultaten führen, aber langfristig mit verheerende Folgen verbunden sein können.

Hayek insistierte, dass es einen direkten Zusammenhang zwischen staatlich gefördertem Konsum und infolgedessen zunehmender Beschäftigung auf die von Keynes beschrieben Weise nicht gebe. Da Arbeitslosigkeit in der Regel bestimmte Sektoren besonders betreffe, sei mehr Beschäftigung nur möglich, wenn die Menschen auch Güter aus genau diesen Sektoren konsumieren würden. Die Sektoren steckten aber deshalb regelmäßig in der Krise, weil ihr Angebot für den Konsumenten nicht attraktiv genug sei. Außerdem würden die staatlichen Eingriffe die relativen Preise verändern, was zu einer Veränderung der Produktionsstruktur führe und sogar kurz- und mittelfristig Arbeitsplätze kosten könne. Überdies bestünden die gewonnenen Arbeitsplätze nur solange, wie der Staat die Nachfrage in diesem Sektor künstlich aufrechterhalten würde.

Literatur:

David Sanz Bad: Hayek's Critique of The General Theory: a New View of the Debate between Hayek and Keynes, in: The Quarterly Journal of Austrian Economics 14, No. 3 (2011), 288-310.

Veröffentlicht am 25. März 2013

Die Wiederentdeckung von
Hayeks Konjunkturtheorie

Mit dem Ausbruch der Finanzkrise im Sommer 2007 ist ein breites Interesse an der Geld- und Konjunkturtheorie von Ludwig von Mises und Friedrich August von Hayek zurückgekehrt. Beide haben sich mit den Ursachen der wiederkehrenden Entwicklung von Boom- und Crashphasen auseinandersetzt. Ein Aufsatz des Ökonomieprofessors John Cochran aus dem Jahr 2011 setzt sich mit den Hayekianischen Thesen aus den 30er und 70er Jahren des 20. Jahrhunderts auseinander.

Die Österreichische Konjunkturtheorie beruht auf dem sogenannten Cantillon-Effekt. Demnach führt eine Zunahme der Geldmenge zu einer Veränderung der relativen Preise und das verändert die Produktionsstruktur. Inflationäre Politik im Sinne der künstlichen Erweiterung der Geldmenge führt folglich zu einer Fehlsteuerung von Ressourcen und massiven Fehlinvestitionen.

Die Ausweitung der Geldmenge erfolgt im modernen Finanzsystem, für das das Zusammenspiel von Notenbanken und Teilreservehaltung der Banken kennzeichnend ist, wesentlich über die Ausweitung der Kreditvergabe. Durch die Ausweitung der Kreditvergabe sinkt der Zinssatz unter das „natürliche" Niveau. Der niedrige Zinssatz führt dazu, dass die Investitionstätigkeit der Unternehmen ausgeweitet wird und Kapital in riskante Projekte fließt, die ohne den niedrigen Zinssatz nicht rentabel wären.

Sobald die Fehlinvestitionen sichtbar werden, kommt es zum Crash, der nur durch die Abschreibung der Fehlinvestitionen und die Anpassung der Produktionsstruktur überwunden werden kann. Dieser Anpassungsprozess wird durch öffentliche Ausgaben und Besteuerung verzögert und damit die Krise verlängert.

Hayek hatte in den 30er Jahren seine Theorie weiter entwickelt und sich erst in den 70er Jahren wieder mit geldtheoretischen Fragen befasst. Diskussionen, ob Hayek seine Position grundlegend geändert habe, entgegnet Cochran, dass Hayek den Kern seiner Theorie beibehalten und sie nur in zwei Punkten modifiziert habe. So sei sich Hayek aufgrund der Produktivitätsfortschritte nicht mehr sicher, dass bei steigender Kreditexpansion die Produktion der Kapitalgüter tatsächlich relativ zur Produktion von Konsumgütern steige und, ob der Versuch, Preise in einer wachsenden Wirtschaft durch die Ausweitung der Geldmenge zu stabilisieren, sich heute ähnlich schwerwiegend auswirke wie in den zwanziger Jahren oder ob dafür eine stärkere Geldmengenexpansion erforderlich sei.

Cochran zeigt, dass sich die Entwicklung der Wirtschaft seit dem Jahr 2000 mit dem hayekschen Modell sehr gut beschreiben lasse und die empirischen Daten weitgehend mit den Hayekschen Voraussagen übereinstimmten. Die Immobilienblase sei ein prägnantes Beispiel dafür, wie durch die Niedrigzinspolitik der US-Notenbank Investitionen fehl geleitet wurden, genau wie es Hayeks Modell vorausgesagt habe.

Literatur:

John P. Cochran: Hayek and the 21st Century Boom-Bust and Recession-Recovery, in: The Quarterly Journal of Austrian Economics 14, No. 3 (2011) , 263-287.

Veröffentlicht am 21. März 2013

Ludwig von Mises vs. Murray Rothbard: Praxeologie oder Naturrecht?

In einem nach wie vor sehr lesenswerten theoriegeschichtlichen Aufsatz aus dem Jahr 2006 "Rothbardian-Randian Ethics and The Coming Methodenstreit in Libertarian Ethical Science" untersuchte Adam Knott die Theorien des liberalen Ökonomen Ludwig von Mises und seines Schülers Murray Rothbard im Hinblick auf ihre Anwendung auf sozial-ethische Phänomene. Ludwig von Mises hatte eine wertneutrale Theorie zur Erklärung des menschlichen Handels entwickelt. Sein Schüler Murray Rothbard hielt die Argumentation für unzureichend und führte deshalb das Naturrecht in die Debatte ein. Knott beschreibt in dem Aufsatz beide Standpunkte und sah zwischen beiden Positionen einen Methodenstreit innerhalb der Österreichischen Schule der Nationalökonomie aufkommen.

Wissenschaften von den Mitteln oder von den Zielen?

Ludwig von Mises sah die Ökonomie als eine Wissenschaft, die sich vor allem mit den Mitteln befasst, die Menschen anwenden, um persönliche Ziele zu erreichen. Diese Ziele sind immer subjektiv, sie sind nicht objektiv begründbar. Der Ökonom kann nur wertneutral untersuchen, ob unter dem Einsatz bestimmter Mittel diese persönlichen Ziele erreicht werden oder nicht. Das Urteil über die subjektiven Ziele entzieht sich hingegen der wissenschaftlichen Betrachtung. Dagegen hat sein Schüler Murray Rothbard sein Theoriegebäude auf der objektiven Begründbarkeit von Normen aufgebaut. Ihm und auch der Schriftstellerin Ayan Rand ging es um die Ziele selbst. Aus objektiv begründbaren Werten könnten objektive Ziele abgeleitet werden.

Differenzen zwischen Mises und Rothbard

Obwohl Ludwig von Mises von den Anhängern Rothbards als Stammvater in Anspruch genommen wird, unterscheidet sich dessen Position von der Position Rothbards doch ganz erheblich. Knott schreibt: „In diesem Sinne rücken diese Systeme deutlich von der Praxeologie als Wissenschaft vom Handeln als Mittel, wie sie Ludwig von Mises vertrat, ab." Im Grunde besteht nach Ansicht des Autors zwischen Ludwig von Mises und Murray Rothbard ein fundamentaler Gegensatz: „Rothbard war anders als Mises der Meinung, dass im Prinzip die Praxeologie keinen großen Beitrag für die Sache der Freiheit leisten könnte." Rothbard glaubte, dass Praxeologie, wertfreie Analyse und Ökonomie keine sozial-ethischen Normen hervorbringen könnten, die die Freiheit des Marktes überhaupt erst garantieren.

Die Grenzen der Praxelogie

Rothbard kritisierte an der Praxeologie, dass sie keine Argumente gegen „schlechte" Ziele vortragen könne. Sie würde vernachlässigen, dass Menschen für ihre Ziele auch bereit sind, negative ökonomische Folgen bewusst in Kauf zu nehmen. Entweder weil sie die negativen Konsequenzen als nicht so negativ bewerten oder weil sie eine Zeitpräferenz besitzen, die sie einen ökonomischen Vorteil in der Gegenwart viel höher gewichten lässt, als die schlimmen ökonomischen Konsequenzen in der Zukunft. Es könne auch nicht ausgeschlossen werden, dass die Ziele einiger Individuen tatsächlich nur durch Zwang und Gewalt erreicht werden könnten, so dass es im praxeologischen Sinne durchaus rational wäre, Mittel des Zwangs einzusetzen.

Die Grenzen des Naturrechts

Rothbard argumentierte, dass die praxeologische Theorie von Ludwig von Mises deshalb kein wirksames Gegenmittel gegen Sozialismus und staatlichen Zwang sei. Deshalb entwickelte Rothbard Regeln für das menschliche Handeln und die menschliche Kooperation, die auf seiner Verteidigung des Naturrechts beruhten. Diese Regeln, wie Menschen handeln sollen, hätten aber keinen direkten Bezug dazu, wie Menschen tatsächlich handeln. Knott weist völlig zu Recht darauf hin, dass aus dem Naturrecht weder eine Notwendigkeit abgeleitet werden kann, dass Menschen ihr reales Handeln tatsächlich nach diesem Kodex ausrichten, noch wird erkennbar, warum sie es tun sollten: „Warum sollte jemand die Lehren einer objektiven ethischen Theorie beherzigen, wenn es keine Notwendigkeit dafür gibt und es keine negativen Konsequenzen hat, wenn man es nicht tut?"

Die Ethik der Freiheit als politisches Statement

Die Bedeutung von Rothbards Buch „Ethik der Freiheit" liegt nach Knott nicht in seiner Bedeutung für die Wissenschaft. Sie sei im strengen Sinne gar keine Sozialwissenschaft, die Handeln erklärt. Anders als die Praxeologie von Ludwig von Mises trage Rothbards Theorem zu dem Verständnis, wie Menschen tatsächlich handeln, kaum etwas bei. Während es sich bei der Praxeologie um Wissenschaft handelt, handle es sich bei Rothbards „Ethik der Freiheit" um ein politisches Statement. Dagegen gehe es der Praxeologie darum, die spezifische Natur des Menschen allgemein zu beschreiben. Die Aussagen kämen formal ohne Bewertung der subjektiven Ziele aus, weil es eben nicht um die Werte und Einstellungen einer bestimmten Gruppe, sondern um universelle Gesetze des menschlichen Handels gehe.

Die Vernachlässigung der Praxeologie

Knott sieht die Praxeologie als die bedeutendste Leistung der Österreichischen Schule an. In seinen Ausführungen geht es um die Frage, warum das in sich schlüssige System zur Beschreibung menschlicher Handlungen überhaupt einer solchen Erweiterung bedürfe, wie sie Murray Rothbard mit seiner Naturrechtsethik vorgenommen hat. Der Autor sieht es als Fehler an, dass die Rothbardianer alle „Eier in den Korb der objektiven Werte" gelegt und die Weiterentwicklung der Praxeologie vernachlässigt hätten. Der Forschungsschwerpunkt habe sich zu Unrecht von der praxeologischen Methode auf die Methode der objektiven Ethik verlagert. Die Potentiale zur Entwicklung sozial-ethischer Normen aus der Praxeologie selbst heraus seien vorhanden, wären aber noch nicht ausgeschöpft worden.

Der neue Methodenstreit: Praxeologie oder Naturrecht

Deshalb sah Knott die Österreichische Schule vor einem neuen Methodenstreit stehen. Dieser dreht sich um die Frage, ob Aussagen über ethische Phänomene und politische Philosophie nur auf dem

Umweg über das Naturrecht gewonnen werden können, wie Murray Rothbard meinte. Oder ob sie direkt aus der Praxeologie ohne Umweg über das Naturrecht herleitet werden können. Er plädiert dafür direkt auf die Theorien von Ludwig von Mises zurückzugreifen und die vorhandenen Ansätze weiter zu entwickeln.

Julian F. Müllers "Ludwig von Mises als Sozialphilosoph"

Seit der Veröffentlichung des Aufsatzes ist schon einige Zeit vergangen. Was Knott damals anmahnte, die Anwendung praxeologischer Erkenntnisse zur Entwicklung sozial-ethischer Argumente, wurde zum Teil bereits umgesetzt. So ist etwa die Arbeit von Julian F. Müller „Ludwig von Mises als Sozialphilosoph" der Versuch eine Sozialphilosophie ohne den Umweg über das Rothbardsche Naturrecht direkt aus dem Werk von Ludwig von Mises abzuleiten. Ein Weg, der sich als sehr fruchtbar erwiesen hat. Knotts Aufsatz zeigt also in der Tat alternative Perspektiven für die Weiterentwicklung der Österreichischen Schule auf.

Literatur:

Adam Knott: Rothbardian-Randian Ethics and The Coming Methodenstreit in Libertarian Ethical Science, Working Paper veröffentlicht beim Ludwig von Mises Institute am 27. März 2006.

Julian F. Müller „Ludwig von Mises als Sozialphilosoph", Books on Demand, Norderstedt, o. J.

Veröffentlicht am 13. März 2013

Ludwig von Mises, Geschichte und Thymologie

Ludwig von Mises war der Ansicht, das ökonomische Denken beruhe im Kern auf Deduktion, also der Ableitung des Besonderen aus dem Allgemeinen. In der Ökonomie gehe es um Logik, nicht um Empirie. Diese Theorie ist zwar viel beachtet worden, aber wegen der Grundannahme, dass universelle ökonomische Prinzipien sich nicht aus empirischen Einzeluntersuchungen ableiten lassen, auch kritisiert und verworfen worden. Ludwig von Mises nannte seine Theorie „ Praxeologie." Der Praxeologie wurde oft vorgeworfen ahistorisch zu sein. Dabei wurde aber übersehen, dass Ludwig von Mises zugleich auch einen fundierten Standpunkt zur Geschichtswissenschaft entwickelte, der aber kaum bekannt ist.

Geschichtsschreibung behandelt nach Ludwig von Mises einzigartige historische Konstellationen. Diese ergeben sich aus dem spezifischen Handeln von Menschen. Während sich die Praxeologie mit der Logik befasst, die dem Handeln aller Menschen zu Grunde liegt, sei das Feld der Geschichtswissenschaft die Erforschung der Motivationen, Werte und Erwartungen der einzelnen Akteure. Dafür greift Ludwig von Mises auf einen alten Begriff der deutschen Geistesgeschichte zurück, auf den Begriff des „Verstehens." Dem Historiker solle es darum gehen, das Handeln der Menschen zu verstehen. Das heißt zu begreifen, welche Motivationen, Ideen und Wertvorstellungen zu einem bestimmten historischen Ereignis geführt haben.

Im 19. Jahrhundert bezeichnete man diesen Teil der historischen Forschung noch als Psychologie. Ludwig von Mises wählte den Begriff „Thymologie", also die wissenschaftliche Lehre von den Gemütszuständen, um sie von der experimentellen Psychologie abzugrenzen. Die Thymologie stellt darüber hinaus ein praktisches Wissen dar, das für jeden Menschen notwendig ist, um Zukunftsaussagen machen zu können: Jeder Mensch baut seine Pläne auf Annahmen über die Pläne und Absichten anderer Menschen auf. Deshalb ist jeder Mensch dazu gezwungen, über die wahrscheinlichen Handlungen anderer Menschen zu spekulieren und daraus Schlussfolgerungen für sein eigenes Handeln zu ziehen.

Literatur:

Ludwig von Mises: The Thymological Method (http://mises.org/books/ufofes/ch2%7E8.aspx).

Veröffentlicht am 1. Februar 2013

Die Sozialphilosophie von Ludwig von Mises

Der Ökonom Ludwig von Mises (1881-1973) ist vor allem für seine Geld- und Konjunkturtheorie berühmt geworden und ist einer der wichtigsten Vertreter der Österreichischen Schulde der Nationalökonomie. Julian F. Müller hat in seiner Studie „Ludwig von Mises als Sozialphilosoph" indes Mises' Beitrag zur Sozialphilosophie untersucht. Müller grenzt Mises' Standpunkt von naturrechtlichen und utilitaristischen Ansätzen ab. Zwar wird Ludwig von Mises oft dem Utilitarismus zugeordnet, aber die Studie arbeitet die Unterschiede deutlich heraus.

Im Zentrum steht die Logik des Handelns

Im Zentrum der Untersuchung steht die Praxeologie, die Wissenschaft vom Handeln des Menschen, die von Mises vor allem in seinem Hauptwerk „Human Action" entwickelt hat. Anders als die mathematischen Ökonomen, die Statistiken auswerten, um aus der Empirie allgemeine ökonomische Regeln abzuleiten, vertritt von Mises die Methode der logischen Ökonomie. Praxeologie bedeutet demnach „logische Wissenschaft vom Handeln".

Wie können Menschen mit unterschiedlichen Wertvorstellungen am besten kooperieren?

Die Grundannahmen der Praxeologie lauten: Menschen handeln immer zweckrational, die Ressourcen sind immer knapp, deshalb müssen Menschen zur Erreichung ihrer Ziele Prioritäten festlegen. Diese Annahmen unterscheiden sich von den Annahmen, die dem Modell des Homo Oeconomicus zu Grunde liegen. Anders als in diesem Modell sind bei Mises Ziele nur subjektiv bestimmbar und können nicht quantifiziert werden. Die leitende Frage der Sozialphilosophie von Ludwig von Mises lautet: Wie können Menschen mit unterschiedlichen Wertvorstellungen und ethischen Normen friedlich zusammen leben und kooperieren.

Die ideale Ordnung ist der Minimalstaat

Von Mises Antwort lautet, dass von den drei idealtypischen Systemen Kapitalismus, Interventionismus und Sozialismus der Kapitalismus das System ist, in dem das friedliche, kooperative Zusammenleben am besten gewährleistet werden kann. Von Mises' ideale politische Ordnung ist ein Minimalstaat, der Lebens- und Eigentumsrechts schützt. Im Rahmen dieser wenigen Beschränkungen kann jeder Mensch danach streben, seine Ziele entsprechend seiner persönlichen Prioritäten zu verwirklichen. Sobald der Wohlstand durch Akkumulation des Kapitals zunimmt, nimmt damit zugleich die Zahl der persönlichen Wünsche zu, die am Markt und in Kooperation mit anderen erfüllt werden können.

Ludwig von Mises verdient es, von der Philosophie weiter entwickelt zu werden

Julian F. Müller weist auf die Potentiale der logischen Ökonomie für die Philosophie hin. Sie erlaube es, ethische Forderungen auf ihre Neben- und Folgewirkungen hin zu überprüfen und könne ein Ausgangspunkt sein für die Überprüfung der oft unscharfen ökonomischen Begriffe innerhalb der philosophischen Theoriebildung: „Das Mises´sche Werk – so konnte im Laufe der Abhandlung deutlich gemacht werden – enthält viele unverzichtbare Ideen. Es verdient, durch die Philosophie wiederentwickelt zu werden."

Literatur:

Julian F. Müller: Ludwig von Mises als Sozialphilosoph, hg. vom Liberalen Institut, 2. Auflage Norderstedt 2012.

Veröffentlicht am 15. Februar 2012

Walter Eucken und die Soziale Frage

Walter Eucken räumte der „sozialen Frage" eine zentrale Stellung ein. Der freie Wettbewerb war für ihn aber nicht die Ursache der sozialen Missstände. Ganz im Gegenteil sah er in der Steigerung der Produktivität durch Konkurrenz den wichtigsten Hebel zur Überwindung sozialer Probleme: „Die beste Sozialpolitik kann zu keinem befriedigenden Erfolg führen, wenn die Produktivität der menschlichen Arbeit gering ist." Darum bestand die von Eucken favorisierte Sozialpolitik vor allem in der Durchsetzung des Grundprinzips der Wettbewerbswirtschaft, „nämlich Schaffung eines funktionsfähigen Preissystems vollständiger Konkurrenz." Dies bedeutet die Orientierung der Lohngestaltung am „Wettbewerbslohn", also dem Lohn, der sich aus dem Wettbewerb der Unternehmer und der Arbeitnehmer miteinander ergibt. Die Arbeitsmärkte sollten daher so verfasst sein, dass der Wettbewerb das Lohnniveau bestimmt.

Gewerkschaften sieht Eucken vor allem dann als notwendig an, wenn die Wirtschaft in Kartellen und Monopolen organisiert ist, die deshalb Arbeitnehmer unter den Wettbewerbslohn drücken könnten. Die monopolartige Stellung der Gewerkschaften ist nur als Antwort auf die vorhandenen Monopole gerechtfertigt: „Sie sind monopolartige Organisationen, die freilich durch monopolistische Übergewichte der Unternehmer auf den Plan gerufen wurden." Den Gewerkschaften kommt in dieser Situation die Aufgabe zu, den Wettbewerbslohn in Verhandlungen durchzusetzen. Die Erhöhung der Löhne über den Wettbewerbslohn hinaus ist aber schädlich für die Lage der Beschäftigung: „Wenn sie (die Gewerkschaften) mit Mitteln der Macht eine Erhöhung der Löhne über die Wettbewerbslöhne hinaus erzwingen, so führt das zur Arbeitslosigkeit."

Auch soziale Gerechtigkeit sah Eucken primär als Frage einer funktionierenden Wettbewerbsordnung an: „Soziale Gerechtigkeit sollte man also durch Schaffung einer funktionsfähigen Gesamtordnung und insbesondere dadurch herzustellen suchen, dass man die Einkommensbildung den strengen Regeln des Wettbewerbs, des Risikos und der Haftung unterwirft." Sparen zu ermögliche sei besser als staatliche Unterstützung zu zahlen. Der Sozialstaat hatte für Eucken allenfalls eine ergänzende Funktion zur Vermeidung sozialer Härten: „Wenn Selbsthilfe und Versicherung nicht ausreichen, sind staatliche Wohlfahrtseinrichtungen notwendig. Aber der Akzent sollte, wo irgend angängig, bei der Stärkung der freien Initiative des einzelnen liegen." Die Bedeutung von Versicherungsleistungen und Sparanstrengungen für die private Vorsorge bringen mit sich, dass Eucken in der Inflation eines der größten sozialen Übel sah.

Literatur:

Walter Eucken: Grundsätze der Wirtschaftspolitik, (7. Auflage), Tübingen 2004.

Veröffentlicht am 23. Januar 2012

Walter Eucken über
die Zentralverwaltungswirtschaft

Walter Eucken hat die Mechanismen der Zentralverwaltungswirtschaft intensiv studiert. Kennzeichnend für diesen Wirtschaftstyp ist, „dass die Pläne der einzelnen Betriebe und Haushalte nicht mehr selbstständig aufgestellt und nicht durch Preise aufeinander abgestimmt werden, sondern dass die Pläne der Zentralstelle darüber entscheiden, was und wo und wieviel und wie produziert wird und wie die Verteilung des Sozialprodukts stattfindet." Formen der Zentralverwaltungswirtschaft gibt es schon sehr lange – Eucken erwähnt das Inka-Reich –, allerdings hat sie ihren Charakter in der modernen Wirtschaft verändert. Eucken streicht heraus, dass Zentralverwaltungswirtschaft nicht gleichbedeutend ist mit der Aufhebung des Privateigentums. In der Sowjetunion kam beides zusammen, die Wirtschaft des Dritten Reiches war hingegen gekennzeichnet durch die Koexistenz zentraler Planung und dem Fortbestehen des Privateigentums.

Eucken weist darauf hin, dass in den bekannten Fällen der Zentralverwaltungswirtschaft der Anteil der Investitionen oft ausgesprochen hoch ist: „Dem Beobachter der Geschichte fällt es auf, dass in solchen Wirtschaftsordnungen, in denen zentralverwaltungswirtschaftliche Lenkungsmethoden dominieren, ungewöhnlich große Investitionen stattfinden. So in Deutschland nach 1936, in Russland nach 1928 oder im ganz anderen Milieu des Inka-Staates um 1500, im alten Ägypten und in anderen Fällen." In diesen Systemen gehe es darum, durch ein Maximum an Investitionen ein Maximum an Macht zu erreichen. Auf die Konsumbedürfnisse der Bevölkerung würde keine Rücksicht genommen und müsse auch nicht, weil es sich um Diktaturen handelte.

In der Verkehrswirtschaft wird der Wirtschaftsprozess durch Preise koordiniert, in der Zentralverwaltungswirtschaft auf dem Verwaltungswege anhand vorhandener statistischer Daten. Das Problem dabei war, dass statistische Daten immer nur einen vergangenen Zustand widerspiegeln und sehr oft veraltet sind. In den Planbehörden kämpft man oft mit einem „Überwuchern der Statistik." Begleitet wird der Prozess in der Regel von einem Kampf der verschiedenen Fachabteilungen um die Zuweisung von Ressourcen und die Feststellung des Bedarfs, da es keine Angleichung von Angebot und Nachfrage über den Wettbewerb gibt: „In der Zentralverwaltungswirtschaft aber findet sich ein durchaus anderes Verhältnis von Bedarf und Deckung. Die Spannung zwischen beiden wird nicht auf Märkten wirksam."

Deshalb ist die Zentralverwaltungswirtschaft immer auf die Ergänzung durch einen schwarzen Markt angewiesen, auf welchem durch Tausch nach Angebot und Nachfrage drastische Ungleichgewichte, die durch die Fehlplanung zu Stande kommen, ausgeglichen werden: „Freilich lassen die Beobachtungen den Schluss zu, dass ohne solche ‚schwarze' Beschaffung von Produktionsmitteln und Arbeitskräften der Produktionsprozess zumindest auf vielen Gebieten und für längere Zeitabschnitte erheblichen Störungen ausgesetzt gewesen wäre." Diese Störungen sind die Folge davon, dass Investitionen durch kein Preissystem koordiniert werden und sie ohne Rücksicht auf ein Marktrisiko in Angriff genommen werden können. Deshalb zeichnet sich die Zentralverwaltungswirtschaft dadurch aus, „dass in ihr einseitige und unproportionierte Investitionen stattfinden. Gewisse Industriezweige werden übermäßig expandiert; andere bleiben zurück."

Literatur:

Walter Eucken: Grundsätze der Wirtschaftspolitik, (7. Auflage), Tübingen 2004.

Veröffentlicht am 17. Januar 2012

Wilhelm Röpkes Warnung vor dem Superfiskalismus

Die Schuldenkrise in Europa steht am Ende einer langen Entwicklung, nämlich des stetigen Wachstums der Staatsausgaben. Welchen Umfang das Problem angenommen hat, das lässt sich besser ermessen, wenn man Wilhelm Röpkes Ausführungen zum modernen Fiskalstaat liest, in denen er die großen Verwerfungen schon vorgezeichnet hat. Diese Ausführungen stammen aus dem Jahr 1965, das heißt aus der Zeit, in der die massiven Ausweitungen des Sozialstaates und der Staatsquote erst noch bevorstanden. Röpke bezeichnete damals schon das Anwachsen der Staatsausgaben und der Steuerlast als „wahre Revolution."

Er prognostizierte die Folgen dieser Ausgabenpolitik auf folgende Weise: „Die gesamte Atmosphäre des Lebens und der Gesellschaft ändert sich unter diesem Fiskaldruck in einer radikalen Weise, und zwar in keiner Richtung zum Guten hin, denn was in diesem Klima am besten gedeiht, ist eine allgemeine Lockerung und Lösung von Widerständen, eine Neigung zur Liederlichkeit." Niemand könne bestreiten, dass es von erheblicher Bedeutung für die Wirtschaftsordnung sei, ob der Staat wie in früheren Jahren 10 oder 15 Prozent oder 40 Prozent des Volkseinkommens verbrauche. Der Punkt werde erreicht, an dem Quantität in Qualität umschlage und das Gesicht von Staat, Gesellschaft und Wirtschaft grundlegend verändert werde. Röpke bezeichnete diesen Vorgang als „Superfiskalismus."

Die intellektuellen Hauptprotagonisten machte Röpke in John Maynard Keynes und Kenneth Galbraith aus. Die USA sei seit Kennedy das beste Beispiel für „Big Goverment" geworden. Diese Einschätzung ist besonders interessant, weil die USA in der Regel in Deutschland als Mutterland eines ungebremsten Kapitalismus wahrgenommen werden. Für Galbraith lebte die Gesellschaft im Überfluss, während der Staat arm sei. Dabei vernachlässige Galbraith allerdings, dass mit steigender Produktivität und Überfluss die Aufgaben des Staates eher sinken als steigen müssen: „Je mehr das Realeinkommen im Durchschnitt wächst, um so schwächer werden die Argumente für den Wohlfahrtsstaat, denn um so mehr ist ja der einzelne im Durchschnitt fähig, durch Sparen und freiwillige Versicherung (…) als mündiger und selber verantwortlicher Mensch vorzusorgen."

Wie gesagt, die große Expansion des Wohlfahrtsstaates stand zu diesem Zeitpunkt erst bevor.

Literatur:

Wilhelm Röpke: Der moderne Fiskalstaat (1965), in: derselbe: Marktwirtschaft ist nicht genug. Gesammelte Aufsätze, Leipzig 2009.

Veröffentlicht am 12. Januar 2012

Interdependenz der Ordnungen

Unter Interdependenz der Ordnungen verstand der Ökonom Walter Eucken, dass in einer modernen Volkswirtschaft alles mit allem zusammenhängt. Für ihn stellte die Gesellschaft eine Ordnung dar, die aus vielen Teilordnungen besteht. Jede Teilordnung beeinflusst andere Teilordnungen und daher die gesamte Ordnung. Deshalb dürfe man wirtschaftspolitische Maßnahmen nicht isoliert betrachten, sondern stets im Kontext sehen: „Infolgedessen ist auch jede wirtschaftspolitische Maßnahme nur im Rahmen der gesamten Wirtschaftsordnung, in welcher der Wirtschaftsprozess abläuft, sinnvoll."

Wirtschaftspolitische Maßnahmen müssen den Kontext der Gesamtordnung berücksichtigen

Euckens Definition für eine Wirtschaftsordnung lautet wie folgt: „Die Wirtschaftsordnung eines Landes besteht in der Gesamtheit der jeweils realisierten Formen, in denen Betriebe und Haushalte miteinander verbunden sind, in denen also der Wirtschaftsprozess in concreto abläuft." Zur Analyse dieser Ordnungen führt Eucken einen logisch-deduktiven Ansatz zur Analyse der Teilelemente und eine historische Betrachtungsweise der konkreten Wirtschaftsordnungen zusammen: „Jede einzelne Wirtschaftsordnung (…) ist zwar einzigartig individuell. Aber diese Individualität ergibt sich aus der „Verschmelzung" einer verschieden gearteten Auslese aus der begrenzten Zahl reiner Formen."

Auf dem Boden der gewachsenen Ordnung nach besseren Ordnungen suchen

Die Analyse der jeweiligen wirtschaftlichen Ordnung ist die Basis für die Ordnungspolitik. Das Ziel sei eine Ordnung in der „Maß und Gleichgewicht" besteht. Es gehe in der ordnungspolitischen Betrachtung um Erkenntnisse über die Ordnung, in der wir leben, und um die Suche nach einer „besseren Ordnung." Dabei unterscheidet er zwischen „gewachsener" Ordnung und „gesetzter" Ordnung. Also Ordnungen, die durch den zufälligen Lauf der Geschichte entstanden sind, und Ordnungen, die mit einer bestimmten wirtschaftspolitischen Zielsetzung geschaffen wurden.

In der Wettbewerbswirtschaft sind die Sphären der Politik und der Wirtschaft getrennt

Eucken strebte Ordnungen an, die anders als die gesetzten Ordnungen der Planwirtschaft genug Raum für gewachsene Ordnungen lassen, also für die freie Initiative und für Bindungen von unten. Dem entspreche die Wettbewerbsordnung: „Mit der Politik der Wettbewerbsordnung oktroyiert der Staat nicht eine Wirtschaftsordnung, sondern er bringt zur Geltung, was sonst durch andere Tendenzen zurückgedrängt würde." Durch die Wettbewerbsordnung werde die „Sphäre des alltäglichen Wirtschaftens und des politisch-staatlichen Handelns" getrennt.

Durch die Förderung des Wettbewerbs finde ein Dekonzentrations-
prozess statt. Gesellschaftliche Macht werde dezentralisiert und in viele
Hände gelegt.

*In der Wettbewerbsordnung soll die freie Preisbildung nicht behindert
werden*

Daraus zog Eucken Schlussfolgerungen für die Leitlinien einer an
der Wettbewerbsordnung orientierten Wirtschaftspolitik. Wenn aus
diesen Gründen die Entscheidung für das Wettbewerbssystem gefallen
ist, „muß nach ihr konsequent bis in alle Einzelhalten hinein gehandelt
werden. So ist alles zu vermeiden, was geeignet ist, die Preise in ihrer
Relation als Lenkungssystem des Wirtschaftsprozesses zu behindern,
wenn die Gesamtentscheidung für eine Wirtschaftsverfassung des
Wettbewerbs gefallen ist."

Veröffentlicht am 9. Januar 2012

Max Webers Betrachtung über Märkte

Max Weber hat sich in seinen soziologischen Betrachtungen auch
mit dem Phänomen von Märkten auseinandergesetzt. Markthandeln ist
nach Max Weber „Gemeinschaftshandeln", da die Einigung zweier
Marktakteure auf einen Tausch immer auch in Hinblick auf mögliche
alternative Tauschmöglichkeiten mit anderen Marktteilnehmern stattfindet. Soweit der Tausch durch Geld abgewickelt werde, sei es ebenfalls Gemeinschaftshandeln, da dieses „seine Funktion lediglich Kraft
der Bezogenheit auf das potentielle Handeln anderer versieht."

Die Marktgemeinschaft betrachtete Weber als „unpersönliche, prak-
tische Lebensbeziehung." Er sei spezifisch sachlich an den Tauschgü-
tern interessiert. Die Grundlage für das Funktionieren der Marktgemeinschaft sei die „Unverbrüchlichkeit des einmal Versprochenen"

also die Vertragssicherheit. Sie sei der eigentliche Inhalt der Markt-
ethik.

Die Orientierung des Marktes an sachlichen Beziehungen, die
unpersönlich und am Tauschgut orientiert sind, stelle einen Bruch mit
den alten archaischen Prinzipien von Verwandtschaft und Stammes-
zugehörigkeit dar. Daher bestehe immer wieder die Tendenz, die unpersönlichen Marktbeziehungen in persönliche zu verwandeln und die
rationale Tauschbeziehung durch Monopole und Preisbindungen außer
Kraft zu setzen. Weber unterschied zwischen alten ständischen Monopolen und den modernen Monopolen, die einer rationalen ökonomischen Logik folgten, obwohl sie den Wettbewerb des Marktes
teilweise außer Kraft setzten.

Weber betonte darüber hinaus die befriedende Wirkung des Tausch-
handels: Die intensive Expansion der Tauschbeziehungen geht aber
überall parallel mit einer relativen Befriedung.“

Literatur:

Max Weber: Wirtschaft und Gesellschaft, Tübingen 1990.

Veröffentlicht am 7. Dezember 2011

Walter Euckens Antwort auf die Frage: Wie frei ist Wirtschaftspolitik?

Walter Eucken hat sich in seinem Hauptwerk „Grundsätze der Wirtschaftspolitik“ auch mit der Frage auseinandergesetzt, ob wirtschaftspolitische Entscheidungen zwangsläufig – heute würde man wohl sagen
„alternativlos“ – sind. Er schildert die Logik der Wirtschaftspolitik der
dreißiger Jahre. Die Kreditexpansion erzeugte Preisauftriebe, deshalb
wurden Preiskontrollen eingeführt. Das führte zur Aushebelung der
Marktpreise, wodurch eine zentrale Lenkung der Wirtschaft notwendig
wurde, um die Ressourcen zu verteilen, die der Markt nun nicht mehr
zuordnen konnte.

Eucken spricht in diesem Zusammenhang aber nicht von zwangsläufigen Entwicklungen, sondern von Tendenzen. In der Tat hätten unfreie Ordnungen die Tendenz noch unfreiere Ordnungen hervor zu bringen. Er schreibt: „Die Wirtschaftspolitik der Vergangenheit war also tatsächlich vielfach eine Politik der Unfreiheit. Unfrei aber deshalb, weil man durch die Wirtschaftspolitik selbst Prämissen setzte, welche die weitere Wirtschaftspolitik in eine gewisse Richtung hineinlenkte.“

Die Wucht der Tendenzen sei oft stärker als der Wille zur Umgestaltung. Die Tendenz dränge jedoch nur in eine bestimmte Richtung, einzelne Handlungen seien jedoch frei: „Schon deshalb kann die Wirtschaftspolitik im begrenzten Rahmen doch gewisse ordnungspolitische Ziele verfolgen und die Bedingungskonstellation auf Dauer gestalten, z. B. durch eine Geldreform die Tendenz zur zentralverwaltungswirtschaftlichen Lenkung zunichte machen.“

In bestimmten Situationen könnten sogar nachhaltige Veränderungen mit großer Wirkung erreicht werden. Es gebe Zeiten der Krise, in denen historische Richtungsentscheidungen getroffen würden, die für Jahre hinaus richtunggebend seien: „Die Konstellation der politischen Kräfte ermöglicht eine grundsätzliche Entscheidung, von der eine Kette weiterer wirtschaftspolitischer Entscheidungen und Tendenzen ausgeht. Nicht selten sind es Notlagen, die solche grundsätzlichen Wendungen möglich machen und in denen bisherige wirtschaftspolitische Konzeptionen weniger Personen entscheidend werden und die Bedingungskonstellation der Wirtschaftspolitik gestalten.“

Literatur:

Walter Eucken: Grundsätze der Wirtschaftspolitik, Tübingen 2004.

Veröffentlicht am 2. Dezember 2011

Ralf Dahrendorf: Der „skeptische Europäer"

Ralf Dahrendorf verband eine lange Beziehung zur europäischen Idee, die mit seinem Vater begann, den er als „sozialdemokratischen Europäer" bezeichnete. Dahrendorf wechselte 1970 von seiner Position als Parlamentarischer Staatssekretär nach Brüssel als Kommissar für Außenhandel und Außenbeziehungen. Die Erfahrungen in Brüssel lagen auch Dahrendorfs skeptischer Grundhaltung gegenüber vielen Aspekten der Europapolitik zu Grunde: „Indes fand ich in Brüssel heraus, was gespielt wurde, und ich mochte es nicht."

Ein Jahr nach seiner Ankunft in Brüssel begann Dahrendorf unter einem Pseudonym in der Wochenzeitung *Die Zeit* eine Reihe von Artikeln zu veröffentlichen, die sich kritisch mit der Lage Europas auseinandersetzten. In einem von ihnen hieß es: „Es gibt Situationen, in denen die Kommission eher Mitleid als Respekt verdient." Dahrendorf beurteilte seine eigenen europapolitischen Veröffentlichungen später so: „Ein skeptischer Unterton ist dabei unverkennbar; er durchzieht viele meiner Veröffentlichungen zum Thema Europa."

Im Jahr 1974 verließ Dahrendorf Brüssel und wurde Direktor der London School of Economics und später Mitglied des Oberhauses des britischen Parlaments. Dort war er im Ausschuss für die Europäischen Gemeinschaften tätig und erwarb sich dort nach eigener Aussage den Ruf eines „skeptischen Europäers." Dahrendorfs Vorbehalte resultierten nicht aus der Begegnung mit der in Großbritannien vorherrschenden Europaskepsis, sondern aus seiner persönlichen Einschätzung der praktizierten Europapolitik: „Meine Skepsis kommt sozusagen von innen, nicht von außen."

Seine konzeptionelle Kritik an der vorherrschen Europapolitik als einer „Integration durch die Hintertür" kommt wegweisend in dieser Aussage zum Ausdruck: „Die supranationalen Illusionen der europäischen Anfänge haben sich als Hindernis und nicht als Antrieb für reale politische Zusammenarbeit erwiesen. Der unlogische Weg nach Europa hat uns in eine Sackgasse geführt: es gibt die Logik einfach nicht, die Länder zwingen würde, von einer problematischen Agrarpolitik zur Währungsunion und von der wirtschaftlichen zur politischen Einheit voranzuschreiten."

Literatur:

Ralf Dahrendorf: Der Wiederbeginn der Geschichte. Vom Fall der Mauer zum Krieg im Irak, München 2004.

Veröffentlicht am 1. Dezember 2011

Ralf Dahrendorf über die Frage: Was ist Populismus?

Der Begriff des Populismus wird in der politischen Auseinandersetzung sehr oft verwendet, aber selten klar definiert. Ralf Dahrendorf hat sich intensiv damit auseinandergesetzt. Am Anfang seiner Betrachtung stellt er fest, dass der Begriff schon deshalb problematisch ist, weil er in der politischen Auseinandersetzung abwertend für die jeweils andere Gruppierung verwendet wird:

„Die Schwierigkeit beginnt schon mit dem Begriff Populismus. Er besagt, dass der Rekurs auf das Volk nicht in Ordnung ist. Jedenfalls ist Populismus ein abwertender Begriff. Aber ist das Volk nicht der Souverän, der daher die Demokratie legitimiert? Der Verdacht ist nicht von der Hand zu weisen: des einen Populismus ist des anderen Demokratie."

Deshalb sei die Grenze zwischen legitimen Formen der demokratischen Auseinandersetzung und Populismus nicht leicht zu ziehen. Der Populismus-Vorwurf selbst könne populistisch sein. Nämlich dann, wenn er sachliche Argumentation ersetzt. Populismus kann nach Dahrendorf sowohl im rechten als auch im linken Spektrum angesiedelt sein.

Das wichtigste Unterscheidungsmerkmal, mit dem Dahrendorf Populismus differenzierter betrachtet, ist der Umgang mit Komplexität. Rhetorik ist immer dann populistisch, unabhängig vom spezifischen Thema und der politischen Zuordnung, sobald komplexe Sachverhalte extrem vereinfacht werden. Dahrendorf erklärt: „Mit Komplexität leben zu lernen – das ist vielleicht die größte Aufgabe demokratischer politischer Bildung."

Literatur:

Ralf Dahrendorf: Wiederbeginn der Geschichte, München 2004.

Veröffentlicht am 26. November 2011

Wilhelm Röpke und die
europäische Wirtschaftsordnung

Zu den geistigen Vätern der Sozialen Marktwirtschaft gehört Wilhelm Röpke (1899-1966). Angesichts der aktuellen Debatten ist es lohnenswert, seinen Aufsatz „Grundfragen der europäischen Wirtschaftsordnung" aus dem Jahr 1948 wieder einmal zu lesen.

Röpke setzte sich darin mit der Idee einer „europäischen Föderation" auseinander. Das Konzept sei noch nicht konsequent genug durchdacht worden. Die Grundvoraussetzung für den Erfolg dieses Projektes bleibe, dass „diese Frucht nur auf dem Humus einer Gesellschaft gedeihen kann, die noch eine durchgängige Gliederung in echte kleine Gemeinschaften aufweist, und von der Philosophie der Toleranz, des liberalen Geltenlassens, des Respekts vor dem anderen, der Liebe zum Kleinen und Mannigfaltigen, des Abscheus vor der Herrschaft des Apparats über den Menschen und der gegenseitigen Rücksichtnahme erfüllt ist." Grundlage für einen Föderalismus auf europäischer Ebene sei deshalb zugleich ein Föderalismus auch auf der Ebene der Nationalstaaten.

Einen zentralen Widerspruch in den Europadiskussionen seiner Zeit sah Röpke in dem mangelnden Verständnis, dass sich Föderalismus und wirtschaftlicher Zentralismus gegenseitig ausschlössen. „Entweder löst er den Föderativstaat in seine Glieder auf oder die Glieder in der Zentralregierung." Darum sei der internationale Föderalismus so wenig wie der nationale mit einer sozialistischen Wirtschaftsordnung vereinbar.

Eine europäische Föderation ist nach Röpkes Ansicht folglich nur mit einer freien Wirtschaft vereinbar, denn eine „politisierte" Volkswirtschaft erfordere bei einer Vereinigung die politische Verschmelzung der politischen Instanzen. Das Ergebnis wäre kein europäischer Föderalismus, sondern ein „Superstaat." Dieser müsste dann „streng zentralistisch sein und mit nationalen Eigenleben und nationaler Selbstverwaltung kurzen Prozess machen. Er würde von den heute

souveränen Staaten einen Grad der Unterwerfung unter die diri-
gierende, befehlende und Gehorsam erzwingende Zentrale fordern, den
sich Genf gewiß nicht von Bern gefallen ließe."

Literatur:

Wilhelm Röpke: Marktwirtschaft ist nicht genug. Gesammelte Aufsätze, hrsg. von Hans Jörg Hennecke, Leipzig 2009.

Veröffentlicht am 17. November 2011

Liberale Sozialpolitik:
Ralf Dahrendorf und Milton Friedman

Der Gegensatz von „Sozialliberalismus" und „Marktliberalismus"
wird immer wieder bemüht, um Flügelkämpfe innerhalb des politischen
Liberalismus zu beschwören. Die abstrakte Diskussion täuscht darüber
hinweg, dass es sich dabei oft eher um eine Frage des Image als um
wirkliche inhaltliche Gegensätze in der praktischen politischen Zielsetzung handelt. Das wird etwa deutlich, wenn man die Position von
Ralf Dahrendorf und Milton Friedman zum Wohlfahrtsstaat betrachtet.
Beide Denker haben das Bild vom Liberalismus in ihrer Zeit geprägt,
der eine wurde als „Apologet des Kapitalismus" beschrieben, der
andere als sozialliberaler Intellektueller. Dabei lagen sie in Fragen der
Sozialpolitik nicht weit auseinander.

Milton Friedman war ein scharfer Kritiker des Wohlfahrtsstaates,
sah aber durchaus Gründe für eine allgemeine politische Regelung:
„Wir wären vielleicht allesamt dazu bereit, zur Beseitigung der Armut
beizutragen, vorausgesetzt, jeder beteiligte sich daran. Ohne eine derartige Zusicherung würden wir vielleicht nicht den gleichen Betrag
aufbringen. In kleinen Gemeinden kann der Druck der Öffentlichkeit
stark genug sein, dieses Problem sogar in Bezug auf private Wohltätig-
keit zu lösen. Dies ist jedoch in den großen und unpersönlichen
Gemeinden weitaus schwieriger."

Dahrendorf wollte ein gewisses Maß an Umverteilung, um Chancen für den Einzelnen zu schaffen. Er sah aber auch die Schattenseiten des Wohlfahrtsstaates, mit dem dieses Ziel verfolgt wird: „Überdies beruht der Sozialstaat auf einem Paradox, das vor allem Liberalen sehr bewusst ist. Die Probleme, die er lösen soll, sind ihrer Definition nach immer individuelle Probleme, aber die Instrumente, die er verwendet, sind, ebenfalls ihrer Definition nach, immer generelle Instrumente." Daher habe der Sozialstaat eine Tendenz „patriarchalisch" und „bevormundend" zu sein.

Dahrendorf umschreibt die optimale Lösung dieses Dilemmas so: „Allerdings ist eine beträchtliche Vereinfachung des Sozialstaates zugleich erforderlich und wünschenswert. Ihr Ziel ist klar. Es geht darum, einen Mindeststatus der zivilen Existenz für alle zu garantieren, nicht dagegen den Versuch zu machen, für jeden Notfall gesonderte (und immer unzulängliche Vorsorge) zu treffen. Die Zielsetzung verlangt eine Vereinfachung sowohl des Mechanismus als auch der Finanzierung. Dabei ist ein halbautomatischer Mechanismus wie etwa eine negative Einkommenssteuer und ein garantiertes Grundeinkommen eindeutig vorzuziehen."

Der „Sozialliberale" Ralf Dahrendorf kommt zum selben praktischen Ergebnis wie der „marktliberale" Milton Friedman, der quasi das Copyright auf die negative Einkommenssteuer für sich in Anspruch nehmen kann. Friedman stellte sein Programm zur Reform des Sozialstaates so vor: „Solch ein Programm enthält zwei wesentliche Komponenten: Erstens, die Reform des jetzigen Wohlfahrtssystem, in dem das Durcheinander der einzelnen Programme durch ein einziges, einheitliches Programm einer Einkommenszulage in bar ersetzt wird – eine negative Einkommenssteuer, die an eine positive Einkommenssteuer anknüpft, zweitens das langsame Auflösen der Sozialversicherungen."

Die inhaltliche Nähe zwischen dem „Marktliberalen" Ökonomen und dem sozialliberalen „Soziologen" ist wohl kein Zufall, sondern auch Ergebnis persönlicher Diskussionen. So schrieb Ralf Dahrendorf zur Vergabe des Ökonomie-Nobelpreises 1976 über Milton Friedman: „Wer seine Theorien in Frage stellen will, tut gut daran, sich wohl zu wappnen; denn während Friedman eigene Selbstzweifel gut zu verbergen versteht, hat er schon manchen seiner Kritiker zum Zweifel an sich selbst gebracht. Ich spreche da aus Erfahrung; denn als ich ihm 1957 begegnete, machte er sich alsbald daran, mir meinen „Sozialdemokratismus" auszureden, den weichen europäischen Glauben an die möglichen Wohltaten des Staates; und da die Begegnung (am Center for Advanced Study in the behavioral Sciences in Palo Alto) ein dreiviertel Jahr dauerte, blieb sie nicht ohne Folgen."

Literatur:

Kleines Lesebuch der liberalen Sozialpolitik. Ausgewählt, eingeleitet und kommentiert von Sascha Tamm.

Veröffentlicht am 3. November 2011

Als sich der Meister vom Magier blenden ließ: Milton Friedman und Alan Greenspan

Es ist manchmal interessant, sich im Rückblick die Prognosen von Analysten noch einmal anzusehen. Nachher ist man bekanntlich immer schlauer. Und mit diesem zusätzlichen Wissen kann man nicht nur besser beurteilen, ob jemand richtig oder falsch lag, sondern man kann nach Hinweisen suchen, warum etwas in der Vergangenheit vielleicht falsch eingeschätzt wurde.

Aus dieser Perspektive ist ein Interview mit Milton Friedman interessant, das er im Herbst 2006, also ein Jahr vor der Finanzkrise, der Wochenzeitung DIE ZEIT gegeben hat. Friedman erkannte damals die Gefahren der expansiven Geldpolitik. Er erklärte:

„Sie würden jedenfalls keine expansive Geldpolitik betreiben. Genau das aber geschieht in den USA seit langer Zeit – mit der Gefahr, in eine Inflation zu geraten."

84

Dennoch unterstützte Friedman die Niedrigzinspolitik der Federal Reserve, obwohl sie eigentlich seiner eigenen Geldphilosophie widersprach. Seine Begründung, warum er seine eigene Überzeugung zurückstellte, ist bezeichnend:

„Ja, aus einem Grund – wegen des Respektes, den ich für den US-Notenbankchef Alan Greenspan hege."

Auf die Feststellung DER ZEIT, mit diesem Kompliment verstoße er gegen seine eigene Theorie, dass Geldpolitik nicht aktiv betrieben werden sollte, sondern Zinssätze am besten langfristig festgeschrieben werden sollen, antwortete Friedman:

„Stimmt. Ich stecke da in einem Dilemma. Mein Instinkt sagt mir, diese Politik ist viel zu expansiv. Gleichzeitig aber erleben wir eine außergewöhnliche Situation. Versetzen Sie sich in die Lage von Greenspan."

Wäre Friedman also seinem Instinkt und seiner eigenen Theorie treu geblieben, dann hätte er die expansive Geldpolitik damals verurteilt und hätte sich in Übereinstimmung mit der aktuellen Kritik an der Zentralbankpolitik befunden. Allein seine Sympathie für Greenspan, der es verstand, durch Selbstvermarktung als Magier der Geldpolitik zu erscheinen und eine breite Öffentlichkeit zu blenden, hat Friedman blind gemacht für Fehler, die er erkannte, aber nicht wahrhaben wollte. Das zeigt, auch Meister ihres Fachs sind nicht immun gegen die Kunst geschickter Selbstdarstellung.

Literatur:

"Ich hoffe, dass ich mich irre". Ein ZEIT-Gespräch mit dem amerikanischen Nobelpreisträger Milton Friedman von Petra Pinzler, 17.11.2006, www.zeit.de/2001/26/200126_milton_friedman.xml

Veröffentlicht am 14. Juni 2011

Die Geschichte der Österreichischen Schule der Nationalökonomie

Neben den dominanten neoklassischen Strömungen der Wirtschaftswissenschaft hält sich zäh eine Schule mit großer wissenschaftsgeschichtlicher Tradition. Ihre Vertreter lehnen staatliche Eingriffe in die Wirtschaft ab und sprechen sich gegen Inflation sowie das Zentralbank-System aus. Gerade die jüngste Finanzkrise scheint viele ihrer Erkenntnisse und Positionen zu bestätigen. Eugen Maria Schulak und Herbert Unterköfler haben eine sehr gut lesbare und für ein breites Publikum verständliche Darstellung der Geschichte und der zentralen Ideen dieser „Österreichischen Schule der Nationalökonomie" vorgelegt.

In den 24 Kapiteln stellen die Autoren entweder eine Person oder eine Personengruppe oder eine theoretische Position der Wiener Nationalökonomen in den Mittelpunkt. Diese Mischung aus Sammelbiographie und Ideengeschichte ist für ein Einführungswerk eine glückliche Wahl. Es handelt sich nicht um eine trockene Dogmengeschichte, sondern um ein Buch, das Einblicke in Leben und wissenschaftlichen Werdegang der Ökonomen ermöglicht, in ihre Ideen und die Abhängigkeit ihres akademischen Erfolgs vom Wissenschaftsbetrieb sowie von(?) historischen Umständen.

Der Band beginnt mit der Beschreibung Wiens im 19. Jahrhunderts, der Entstehung der Nationalökonomie als eigenständiger Disziplin zu dieser Zeit und mit Carl Menger, der zum Begründer der neuen ökonomischen Schule wurde. Mengers Revolution des ökonomischen Denkens liegt in der Entdeckung des „subjektiven" Wertes, die er in seinem 1871 veröffentlichten Buch „Die Grundsätze der Volkswirtschaftslehre" ausarbeitete. Danach sind Preise nicht der Ausdruck von Produktions- und Arbeitskosten, wie bis dahin allgemein angenommen, sondern des subjektiven Nutzens, den der einzelne dem jeweiligen Gut zuschreibt.

Menger gewann mit seinen Schülern großen Einfluss auf die Nationalökonomie in der Donaumonarchie. Ein Graben zur Nationalökonomie im Deutschen Reich tat sich auf, die von Gustav Schmollers „Historischer Schule" bestimmt wurde und die Suche nach allgemeinen Gesetzmäßigkeiten in der Wirtschaft ablehnte, stattdessen einzelhistorische Forschungen unternahm und sozialpolitische Programme erarbeitete. Zwischen Schmoller und Menger kam es aufgrund dieses Gegensatzes zum sogenannten „Methodenstreit", der neben der inhaltlichen Debatte auch persönliche Polemik zwischen den Protagonisten einschloss.

Mengers Schüler weiteten den Ansatz auf andere Bereiche aus. Der Ökonom Böhm-Bawerk, der österreichischer Finanzminister wurde, übertrug die subjektive Wertlehre auf die Zinstheorie. Der Zins sei der Ausdruck unterschiedlicher subjektiver Zeitpräferenzen. Ludwig von Mises erarbeitete ein Konjunkturmodell, das in der inflationären Ausweitung der Geldmenge die Ursache von Boomphasen und der anschließenden Depression erfasste. Die Kritik am Marxismus, Sozialismus und zentraler Lenkung war ebenfalls eines der wichtigen Themenfelder, die von der Österreichischen Schule bearbeitet wurden. Nach Böhm-Bawerks Kritik am Marxismus wies von Mises in seiner „Gemeinwirtschaft" auf das Kalkulationsproblem im Sozialismus hin: Wo der freie Markt fehle, gäbe es keine Preisbildung – und ohne Preisbildung keine Wirtschaftsrechnung.

Die Österreicher standen auch der von der Neoklassik entwickelten Vorstellung eines „Gleichgewichts" auf dem Markt skeptisch gegenüber und lehnten in ihrer Mehrheit statisch-mathematische Modelle ab. Sie betonten hingegen die Bedeutung der Faktoren Zeit und Unsicherheit und die zentrale Rolle des Unternehmers als Motor wirtschaftlicher Dynamik. Joseph Schumpeter stand mit seiner Vorstellung von der „schöpferischen Zerstörung" und seiner berühmten Beschreibung der Unternehmerpersönlichkeit in der Tradition der Österreichischen

Schule, auch wenn er sonst einen sehr individuellen Weg mit Berührungspunkten zum Sozialismus beschritt.

Während einige Vertreter der Schule, wie Ludwig von Mises, die subjektive Wertlehre eng mit den Prinzipien des Liberalismus in Verbindung brachten, lehnten andere diese politischen Konsequenzen ab. Das lag wohl auch daran, dass die Menger-Schule eine enge Verbindung mit den Institutionen der Habsburger Monarchie eingegangen war, was zu viel Staatskritik nicht unbedingt als opportun erscheinen ließ. Ihre Vertreter waren leitende Beamte, sogar Minister, und dominierten am Vorabend des Ersten Weltkrieges die akademische Lehre. Es gehört zu den Ironien der Geschichte, dass die subjektive Ökonomie den Höhepunkt ihres Einflusses erreichte, als der Erste Weltkrieg ausbrach, und die Protagonisten dezentraler Märkte Positionen in der Zentralplanung der Kriegswirtschaft einnehmen mussten.

Ludwig von Mises wurde nach dem Ersten Weltkrieg durch sein Privatseminar in der Handelskammer in Wien zur zentralen Figur und zum Motor der Erneuerung der Österreichischen Schule. Gemeinsam mit Friedrich August von Hayek gründete er das Institut für Konjunkturforschung. Die Konzentration auf außeruniversitäre Aktivitäten war notwendig geworden, weil die Menger-Schule nach dem Zusammenbruch der Habsburgmonarchie im universitären Bereich viel Boden verloren hatte. Unter den neuen Bedingungen erreichte die Schule neuen Glanz. In den dreißiger Jahren geriet die Schule dann in Folge der politischen Umwälzungen in Österreich und des Anschlusses 1938 an Hitler-Deutschland unter die Räder. Für die meisten Vertreter hieß das Lehrverbot oder Exil.

Während eine größere Zahl von österreichischen Ökonomen sich im Ausland dem neoklassischen Trend anschloss, blieben Ludwig von Mises und Friedrich August von Hayek ihrer Linie treu. Hayek verließ mit seinem Buch „Der Weg in die Knechtschaft" den eng gesteckten Rahmen der Ökonomie und erweiterte sein Themenspektrum um Rechtsphilosophie, Kulturgeschichte und Psychologie. Er führte mit dem Begriff der „spontanen Ordnung" die kulturelle Evolution in das Österreichische Gedankengebäude ein. Durch die Gründung der Mont Pelerin Society brachte Hayek führende liberale Denker verschiedener Strömungen zusammen. Im Jahr 1974 erhielt er zusammen mit dem schwedischen Ökonomen Gunnar Myrdal den Wirtschafts-Nobelpreis.

In den USA erlebte die Österreichische Schule seit den siebziger Jahren eine Wiederauferstehung. Ludwig von Mises hatte in New York erneut einen Kreis von Schülern um sich gesammelt, zu denen Israel Kirzner und vor allem Murray Rothbard gehörten. Sein Buch „Human Action", das er 1949 publizierte, wurde ein großer Erfolg. Obwohl Ludwig von Mises den Anarchismus ablehnte, wurde er im Amerika zum Idol der mit dem Anarchismus sympathisierenden staatskritischen "Libertarians". In vielen anderen Ländern gibt es heute Lehrstühle oder wenigstens Anhänger im akademischen und publizistischen Bereich.

Die Autoren beschreiben die aktuelle Lage der Österreichischen Schule so: „An der Wende zum dritten Jahrtausend sind die Austrians stärker denn je zuvor bemüht, den Dialog mit dem wirtschaftswissenschaftlichen Mainstream zu intensivieren, Verbündete über Grenzen hinweg zu suchen, sowie sich öffentlichkeitswirksam an ein interessiertes Fachpublikum zu wenden." Mit ihrem Buch haben Schulak und Unterköfler den Zugang zum Denken der Österreichischen Schule für viele Leser ein wenig leichter gemacht.

Literatur:

Eugen Maria Schulak und Herbert Unterköfler: Die Wiener Schule der Nationalökonomie. Eine Geschichte ihrer Ideen, Vertreter und Institutionen, Bibliothek der Provinz, 2009.

Veröffentlicht am 21. April 2010

Politikökonomische Theorie

Gary Becker:
Eine Gebühr für das Recht auf Einwanderung

Der Ökonomienobelpreisträger Gary Becker hat in einem Meinungsbeitrag für das britische Institute of Economic Affairs einen unorthodoxen Ansatz für die Regelung der Einwanderung vorgeschlagen: Migranten sollten das Recht auf Einwanderung durch Bezahlen einer Gebühr erwerben. Die Regulierung der Einwanderung könne dann über den Preis erfolgen. Dies sei unkomplizierter als eine Quotenregelung, garantiere die Einwanderung von qualifizierten und motivierten Arbeitskräften und würde zugleich die Kosten der Einwanderung für die Sozialsysteme reduzieren.

Die wichtigste Ursache für Migration sei nach wie vor der unterschiedliche Lebensstandard in armen und reichen Ländern in der Welt. Zwar habe sich die Differenz durch den Aufstieg von China und Indien verringert, diese sei aber immer noch beträchtlich. Gleichzeitig sei die Geburtenrate in den wohlhabenden Staaten gesunken. Im Jahr 2006 hätten 80 Staaten in der Welt eine Geburtenrate unterhalb der Bestandserhaltung aufgewiesen. Etwa die Hälfte der Weltbevölkerung lebe heute in Ländern mit niedrigen Geburtenraten.

In den siebziger Jahren setzte, so Becker, eine starke internationale Migrationswelle ein, die eine restriktive Gesetzgebung zur Folge hatte. Diese Gesetzgebung habe allerdings falsche Anreizmechanismen in Gang gesetzt. In den USA sei beispielsweise die größte Zahl der Einwanderer durch Familienzusammenführung und aus humanitären Gründen ins Land gekommen, nicht aber um eine Beschäftigung aufzunehmen.

Garry Becker spricht sich gegen eine Rückkehr zur liberalen Einwanderungspolitik der USA des 19. Jahrhunderts aus. Schließlich setze der Wohlfahrtsstaat falsche Anreize für eine nicht unbeträchtliche Zahl von Einwanderern. Die grundsätzlich veränderten Rahmenbedingen durch den Aufbau des amerikanischen Wohlfahrtsstaates machen für den Ökonomen die Rückkehr zur offenen Einwanderungspolitik des 19. Jahrhundert unattraktiv.

Den Zugang zum Sozialsystem für Einwanderer zu erschweren, das hält Garry Becker für nicht aussichtsreich. So werde durch Einwanderung und Einbürgerung der Ausgang von Wahlen beeinflusst. Das würde wiederum den Druck auf die Regierung erhöhen, die errichteten Schranken für den Zugang zum Wohlfahrtsstaat abzubauen. Folglich würden die falschen Anreize eher noch verstärkt.

Becker geht es um eine pragmatische Antwort auf die Frage, wie Länder von den Vorteilen der Einwanderung profitieren und die Nachteile der Einwanderung vermeiden können. Er selbst nennt seinen Vorschlag „radikal", der lautet: Das Recht auf Einwanderung soll durch Bezahlen einer Eintrittsgebühr verkauft werden. Den Preis für das Recht auf Einwanderung setze die Regierung fest. Jeder, der diesen Preis bezahle, dürfe auch einwandern. Bei einem Kaufpreis von zum Beispiel 50.000 Dollar würden vor allem Hochqualifizierte einwandern, die damit rechnen könnten, den Eintrittspreis durch ein höheres Einkommen zu erwirtschaften und einen gegebenenfalls benötigten Kredit zu tilgen. Auch junge Leute würden eher von diesem teuren Angebot Gebrauch machen, da sie länger von der Zahlung profitieren könnten. Schließlich würde die Regelung Einwanderer anziehen, die sich dauerhaft an das Land binden wollen.

Eine Einwanderungsgebühr könne dem Argument begegnen, Einwanderer würden das öffentliche Sozial-, Gesundheits- und Bildungssystem nutzen, ohne etwas dazu beigetragen zu haben. Denn durch den Eintrittspreis werde ein großer Teil der Kosten gedeckt. Deshalb könne die Einwanderungsgebühr zu einem Abbau von Vorurteilen beitragen. Und Unternehmen, die Fachkräfte suchen, könnten die Zahlung der Einwanderungsgebühr übernehmen.

Die Einführung einer Gebühr für das Recht einzuwandern würde eine Steuerung der Einwanderung über das Preisniveau möglich machen. Soll die Einwanderung erhöht werden, wird der Preis gesenkt. Soll die Einwanderung gesenkt werden, wird der Preis erhöht. Der Preis kann auf die Nachfrage reagieren. Bei einer hohen Nachfrage, kann der Preis angehoben werden, bei einer niedrigen Nachfrage kann der Preis gesenkt werden.

Literatur:

Gary Becker: The Challenge of Immigration: A Radical Solution, 2011, Occasional Paper 145 (http://www.iea.org.uk/publications/research/the-challenge-of-immigration-a-radical-solution).

Veröffentlicht am 24. April 2013

Währungswettbewerb: Lag Hayek falsch?

Die aktuelle Krise ist auch eine Krise unseres Geld- und Währungssystems. In den vergangenen Jahren wurde wieder verstärkt über alternative Modelle diskutiert. Auch der Vorschlag von Friedrich August von Hayek, Währungen zu entnationalisieren und einen Wettbewerb privater Währungen zuzulassen, kam wieder in die Debatte. Arkadiusz Sieron hat in seinem Aufsatz mit dem Titel „Why Hayek Was Wrong On Concurrent Currencies?" eine kritische Haltung zum Währungswettbewerb eingenommen. Stattdessen spricht er sich für den Goldstandard und die Abschaffung des Teilreservesystems aus.

Sieron schließt sich der Position Rothbards und Huerta de Sotos an, die die Konjunkturzyklen auf das ungerechtfertigte Privileg der Banken zurückführen, kurzfristige Einlagen langfristig verleihen zu dürfen. Diese Praxis senke den Zins und fördere die Kreditexpansion, die zuerst zu einem Boom und dann zu einem Crash führe. Solange dieses Privileg bestehe und Geld aus „der Luft" geschafften werden könne, bleibe der Mechanismus des Krisenzyklus bestehen.

Friedrich August von Hayek kritisiert das Währungsmonopol der Regierung als Einschränkung der Vertragsfreiheit. Die (ungedeckte) Papiergeldwährung in der Hand der Regierung oder staatlicher Behörden habe von Beginn an inflationäre Tendenzen gehabt. Deshalb plädiert Hayek dafür, das staatliche Papiergeldmonopol aufzuheben. Stattdessen könnten private Personen und Institutionen konkurrierende Währungen schaffen, eben auch (ungedeckte) Papierwährungen. An diesem Punkt setzt Sieron mit seiner Kritik an.

Er glaubt, dass das Geld, das auf dem freien Markt entsteht, immer eine Metall oder Rohstoff-Währung sein wird. In einem freien Wettbewerb würden die Menschen gedeckte Währungen den ungedeckten immer vorziehen. Neu herausgegebenes ungedecktes Papiergeld habe ohne staatlichen Zwang keinen Wert, da es keine Möglichkeit der Wertermittlung gäbe, der innere Wert der Papierwährung gehe gegen Null und werde immer zu diesem Wert zurückkehren. Geld, das nur auf Versprechen beruhe, würde niemand akzeptieren. Allenfalls könnte sich Papiergeld als Substitut für andere Währungen am Markt halten.

Gegen ein System konkurrierender Währungen spräche, dass die Tauschfunktion am besten mit einer Währung gewährleistet sei und nicht mit vielen. Im Extremfall gäbe es so viele Währungen wie Menschen und das sei absurd. Währungswettbewerb würde nicht zu einer stabilen Währung, sondern zu einem Wettlauf werden, die eigenen Reserven zu reduzieren. Der Bankrott einer Bank würde den Bankrott vieler anderer Banken nach sich ziehen. Das würde einen starken Anreiz schaffen ein Kartell zu etablieren und den Wettbewerb auszuschalten. Wettbewerb und freier Marktzutritt seien nicht immer gut: „Free entry is not always good. Free entry and competition in the production of goods is good, but free competition in the production of bad is not (good?). "

Statt des Währungswettbewerbs fordert Sieron den Goldstandard wieder einzuführen. Der Goldstandard an sich könne die Kreditexpansion allerdings nicht vollständig beseitigen, wenn nicht zugleich eine hundertprozentige Reservepflicht für die Bankeinlagen eingeführt werde. Dann könne die Goldwährung Inflation (im Sinne einer Aufblähung der Geldmenge) verhindern und infolgedessen die Kreditexpansion begrenzen. Sieron unterstützt Rothbards Idee, dass nicht lediglich das Geldmonopol des Staates aufgehoben werden müsse. Vielmehr sei zuvor das staatliche Papiergeld wieder mit Gold zu decken.

In der Zusammenfassung stellt der Autor noch einmal fest, dass seiner Ansicht nach die Vorstellung konkurrierender Währungen „utopisch" sei, da die Marktkräfte auf eine einzige weltweite Währung hinwirkten. Der Autor sieht sich also in der glücklichen Situation nach seiner Ansicht das Ergebnis des Marktes vorhersehen zu können. Dem Wettbewerbsmodell, wie es Hayek vertritt, liegt ja genau die Erkenntnis zu Grunde, dass das Ergebnis eines Marktprozesses offen und eben nicht vorhersehbar ist, sonst bräuchte man keine Märkte. Die Entscheidung, wer von beiden mit seinen Annahmen richtig liegt, könnte man also getrost dem Markt überlassen, statt den mühsamen und kaum praktizierbaren Versuch zu unternehmen, die real existierenden Geldmassen durch Gold zu decken, was den Staat letztlich wieder in eine Position bringen würde, die ihn letztendlich überfordert.

Literatur:

Arkadiusz Sieron: „Why Hayek Was Wrong On Concurrent Currencies?", online abrufbar beim Ludwig von Mises Institute: http://mises.org/journals/scholar/sieron.pdf

Veröffentlicht am 11. Februar 2013

Politische Ökonomie des Mindestlohns

In Ihrem Buch „Minimum Wages" gehen David Neumark and William Wascher auch der Frage nach, warum der Mindestlohn als sozialpolitisches Instrumentarium so populär ist, obwohl er beim Erreichen angestrebter sozialpolitischer Ziele nicht sehr effektiv ist. Ein bedeutsamer Grund liege darin, dass die negativen Effekte nicht verstanden werden. In einer Umfrage aus dem Jahr 1970 glaubten 71 Prozent der befragten US-Bürger nicht an einen negativen Beschäftigungseffekt, aber 90 Prozent der befragten Ökonomen.

Für diese Einschätzung bei den Bürgern sei entscheidend, dass in der Tat kleine Veränderungen in der Höhe des Mindestlohnes von anderen Effekten überlagert werden. Die Erhöhungen von Einkommen seien leicht zu beobachten, der Verzicht auf zusätzliche Einstellungen von Geringqualifizierten wegen der steigenden Lohnkosten hingegen nicht. Außerdem sei die Zahl der Nichteinstellungen schwer bezifferbar.

Hinzu kommt, dass eine Erhöhung des Mindestlohnes mit einer Besserstellung der „Armen" gleichgesetzt werde. Als der Mindestlohn in den USA eingeführt wurde, lebten tatsächlich 85 Prozent der Niedriglohnarbeiter in Haushalten mit einem Gesamteinkommen unter der Armutsschwelle. In den späten siebziger Jahren waren das aber nur noch 20 Prozent, stellen Neumark und Wascher fest. Ein Großteil der Niedriglohnbeschäftigten seien Teenager und Hausfrauen gewesen, die etwas zum Familieneinkommen dazu verdienten, das selbst aber weit über dieser Schwelle gelegen habe.

Eine zentrale These über den politischen Rückhalt, den die Einführung eines Mindestlohnes besitzt, laute: Die Gewerkschaften hätten ein Interesse an der Einführung eines Mindestlohnes, um die Konkurrenz von gering qualifizierten Arbeitern mit ihren eigenen, höher qualifizierten Mitgliedern auszuschalten. Ebenso hätten große Firmen, die sich höhere Lohnkosten leisten können, ein Interesse daran, kleine Firmen, die sich diese nicht leisten können, vom Markt zu drängen. Das komme zum Beispiel in dem Umstand zum Ausdruck, dass in den USA u. a. der Einkaufsgigant Wal-Mart zu den politischen Unterstützern des Mindestlohnes gehört.

Die Autoren schlussfolgern: „In der Tat kann man argumentieren, dass die vorliegenden Belege den Schluss zu lassen, dass die beständige Unterstützung für den Mindestlohn durch die Gewerkschaften und andere mehr der Wahrnehmung eigener Interessen als altruistischen Motiven folgt."

Literatur:

David Neumark und William L. Wascher: Minimum Wages, Cambridge 2008.

Veröffentlicht am 11. November 2011

Quotenregelungen sind Diskriminierung von Individuen

Quotenregelungen sind eine Diskriminierung des Individuums zu Gunsten eines Kollektivs. In Hamburg und in Bayern wurden von den Justizministerien Frauenquoten für die Wirtschaft in die Diskussion gebracht. In Berlin soll es Migrantenquoten für den öffentlichen Dienst geben. Diese Ansätze haben alle etwas gemeinsam, sie stellen die kollektive Zugehörigkeit über das Individuum. Bewerber auf eine Stelle werden auf ihre Zugehörigkeit zu ihrem Geschlecht oder zu ihrer kollektiven Gruppe reduziert. Wer eine Stelle nicht erhällt, nur weil die Gruppe, der er zugeordnet wird, bereits stark vertreten ist, wird faktisch als Individuum wegen seiner Gruppenzugehörigkeit diskriminiert. Die sogenannte "positive Diskriminierung" ist im Kern nichts anderes als Diskriminierung.

Veröffentlicht am 21. Juni 2010

Finanztheorie: Risiko und Streuung

Peter Bernstein beschreibt in seinem Buch die Ideen der modernen Finanzwissenschaft – angesiedelt zwischen den Vorstellungen der Behavioral Finance und der Neoklassik. Im Mittelpunkt stehen Interviews mit den Wissenschaftlern, die eine führende Rolle bei der Entwicklung der modernen Finanztheorie gespielt haben. Er beschreibt sowohl die theoretischen Ansätze als auch die praktischen Erfolge und Erfahrungen der Protagonisten.

Seine Botschaft dürfte vielen professionellen Fondsmanagern und den Anbietern von Finanzprodukten nicht gefallen. In der Regel gelänge es gemanagten Finanzprodukten nicht besser abzuschneiden als der Markt im Durchschnitt. Für den Anleger sei es kaum voraussehbar, welches der angebotenen Finanzprodukte zu der Minderheit gehöre, die tatsächlich den Durchschnitt übertreffe. Das spricht für Index-Fonds. Also Fonds, die möglichst genau den Markt abbilden, an denen Finanzanbieter aber nur wenig verdienen.

Die Erwartung den Markt zu schlagen, ist die Rechtfertigung, höhere Gebühren für verwaltete Fonds als für Indexfonds zu zahlen. Indexfonds beruhen auf der einmaligen Leistung, die Anlage so weit wie möglich zu diversifizieren. Wenn Märkte tatsächlich effizient sind, dann ist der Versuch, besser abzuschneiden als der Markt in den meisten Fällen zum Scheitern verurteilt. So kam der Wirtschaftswissenschaftler Burton Malkiel nach der Untersuchung von den seit 1970 existierenden Investmentfonds – das waren etwa 139 mit einer Lebensdauer von mindestens 30 Jahren – zu dem Ergebnis: 76 hatten mindestens einen Prozentpunkt schlechter als der Markt abgeschnitten und nur vier konnten den Markt um mehr als zwei Prozentpunkte übertreffen.

Dem liegt eine einfache Erkenntnis zu Grunde, die Bernstein so auf den Punkt bringt. „Gemäß der Definition können die meisten Investoren den Markt nicht übertreffen, weil sie der Markt sind." Daraus ergibt sich ein Paradoxon. Würden alle Marktteilnehmer auf Indexfonds umsatteln und versuchen den Durchschnitt zu erreichen, dann würde der Markt sich der Dynamik der Märkte nicht mehr anpassen und mit einem Schlag wäre es wieder möglich, von den nicht genutzten Spekulationschancen zu profitieren. Allein weil die Marktteilnehmer Verhaltensfehler begehen, gibt es überhaupt die Möglichkeit für die In-vestoren Chancen zu erkennen, die andere nicht sehen. Wären die Märkte zu 100-Prozent rational und transparent, so wäre jede Chance und jedes Risiko im Vorhinein bereits in die Preisbildung eingeflossen. In diesem Fall könnte es eine erfolgreiche Spekulation, die ja gerade davon ausgeht, dass Finanztitel über- oder unterbewertet sind, überhaupt nicht geben.

Die Finanztheorie ist ein Feld, mit dem sich die deutsche Öffentlichkeit intensiver auseinandersetzen muss, denn gerade eine alternde Gesellschaft ist auf dem internationalen Kapitalmarkt zur Sicherung der individuellen Lebensrisiken angewiesen. Die aktuelle Finanzkrise hat in vielen Fällen offengelegt, dass die Erkenntnis, Risiken durch Streuung reduzieren zu können, breite Schichten der Bevölkerung noch nicht erreicht hat.

Literatur:

Peter L. Bernstein: Die Entstehung der Modernen Finanztheorie. Von der Theorie in die Machtzentren der Weltwirtschaft, München 2009.

Veröffentlicht am 13. November 2009

Die Weltwirtschaftskrise und das „Österreichisch-Monetaristische-Interventions-Modell"

Kaum ein Artikel oder Fernsehbeitrag über die aktuelle Finanzkrise kommt ohne einen Verweis auf die Parallelen zur Weltwirtschaftskrise von 1929 aus. Die wirtschaftspolitischen Maßnahmen der Regierungen werden mit den Erfahrungen der damaligen Zeit gerechtfertigt. Es gelte alles zu vermeiden, was damals die Krise verschärft habe. Die liberale Position ist in der Diskussion dadurch geschwächt, dass sie sich nicht auf eine einheitliche Interpretation verständigen kann. Die Interpretationen der Monetaristen und der Österreichischen Schule über die Ereignisse in den Jahren vor und nach dem Crash von 1929 gehen in unterschiedliche Richtungen. Eine Synthese ist aber nicht unmöglich.

Für die Österreichische Schule der Nationalökonomie sind die 20er Jahre das Vorspiel zur großen Depression. Diese Phase war aus ihrer Sicht gekennzeichnet durch einen inflationären Boom, der zwangsläufig in die Depression münden musste. Milton Friedman und die Monetaristen argumentieren hingegen, es habe keine inflationären Tendenzen in den 20er Jahren gegeben. Für sie war diese Phase eine Hochzeit der Marktwirtschaft mit stabilen Preisen und hohen Wachstumsraten. Nicht die Geldpolitik der 20er Jahre sei das Problem gewesen, sondern die Geldpolitik der 30er Jahre. Nicht zu niedrige Zinsen in der Hochphase des wirtschaftlichen Aufschwungs, sondern zu hohen Zinsen in der Phase des Abschwungs hätten die große Depression verursacht.

Diese unterschiedlichen Interpretationen der zwei wichtigen liberalen Schulen schaffen eine große Unsicherheit. Beide Interpretationen sind präsent, obwohl sie einander zu widersprechen scheinen. Die Monetaristen haben den Argumentationsvorteil, dass Friedman und Schwartz mit ihrer monumentalen Geldgeschichte der Vereinigten Staaten ein Standardwerk geschaffen haben, das zur

Grundlage der folgenden Literatur über diese Epoche geworden ist. Ihre Erklärung der Tiefe und Dauer der Depression durch den einmaligen Rückgang der Geldmenge wird durch die empirischen Daten so sehr gestützt, dass man sie nicht einfach wegwischen kann.

Der Vorteil der Österreicher liegt zum einen in dem Umstand begründet, dass ihre Protagonisten Ludwig von Mises und Friedrich August von Hayek den Crash vorausgesagt haben, was ihren Thesen zu den Krisenursachen Glaubwürdigkeit verleiht. Vordenker des Monetarismus wie Irving Fisher haben hingegen noch kurz vor der Krise dem Aktienmarkt ein dauerhaft hohes Niveau prophezeit. Weitere argumentative Vorteile der Österreicher liegen darin, dass sich ihr Krisenmodell auch auf viele andere historische Finanzkrisen ohne Schwierigkeiten übertragen lässt und der Zusammenhang zwischen Zinssenkung und Blasenbildung am Aktienmarkt eine große Überzeugungskraft besitzt. Selbst keynesianisch ausgerichtete Autoren wie Liaqhat Ahamed („Lord of Finance") sind von diesem Zusammenhang zwischen der Zinssenkung der US-Notenbank und der Überhitzung der Wirtschaft in der zweiten Hälfte der 20er Jahre überzeugt.

Da beide Modelle ihre Stärken haben, liegt es auf der Hand den Versuch zu unternehmen, eine Synthese zwischen beiden Erklärungsversuchen herzustellen. Steve Horwitz nennt dies die "Österreichisch-Monetaristische-Interventions-Erklärung". Dieses Modell versucht die Stärken beider Erklärungsansätze miteinander zu verbinden. Das Österreichische Konjunkturmodell wird zur Erklärung des Crashs und der Depression herangezogen und Friedmans monetaristischer Ansatz zur Erklärung für die drastischen Folgen des Zusamenbruchs und zur Beantwortung der Frage, warum die Depression so lang andauerte. Horwitz kann sich dabei auf Hayek berufen, der selbst einräumte, dass die Österreichische Konjunkturtheorie nicht das ganze Ausmaß der Krise erklären konnte.

Veröffentlicht am 23. Oktober 2009

Historische Empirie

Free Banking in Schweden 1830-1903: Ein historisches Erfolgsmodell?

In Folge von Friedrich August von Hayeks Konzept der „Entnationalisierung des Geldes" (erschienen 1976) wuchs das Interesse der Wirtschaftsgeschichte am sogenannten „Free Banking", also an Bankensystemen ohne Zentralbank und ohne oder nur geringfügige Regulierung. Die Forschungsliteratur konzentrierte sich vor allem auf Schottland und die USA. Weniger bekannt ist, dass Schweden zwischen 1830 und 1903 eine der längsten und besonders erfolgreichen Epochen mit einem freiem Bankenwesen aufweist. Die Entwicklung dieses Systems, in dem private Banken private Banknoten herausgaben, hat der Stockholmer Ökonom Erik Lakomaa in seinem Aufsatz „ Free Banking in Sweden 1830-1903: Experience and Debate" beschrieben.

Im 19. Jahrhundert war Free Banking in Europa weit verbreitet, aber Schweden hielt besonders lange daran fest. Schweden blickte zum Anfang des 19. Jahrhunderts auf eine Serie gescheiterte öffentlicher Banken zurück. Diese Erfahrungen und die sich ausbreitenden Laissez-faire-Theorien führte im Jahr 1830 zu zwei bedeutsamen Entscheidungen: Erstens schloss sich Schweden dem internationalen Silberstandard an und zweitens wurden Privatbanken zugelassen, die eigene Bank-noten ausgeben durften. Vorbild für das schwedische Modell war das schottische Free Banking-System.

Nach einigem Hin und Her und verschiedenen Versuchen des schwedischen Monarchen diese Politik rückgängig zu machen, entstand ein ausdifferenziertes System aus reinen Privatbanken, semi-staatlichen Banken und der Bank von Schweden, die als Regierungsagentur fungierte. Die privaten Banken konnten ihre eigenen Banknoten ausgeben, die entweder mit Silber gedeckt waren oder mit Banknoten der Bank von Schweden.

Jede dieser Banken war eine Teilreservebank, das heißt sie verliehen das Geld ihrer Kunden und hielten keine 100 Prozent Reserven. Es gab jedoch Regulierungen, die die Banken dazu verpflichtete Mindestreserven von 10 Prozent zu halten. Interessant ist, dass die privaten Banken im Schnitt höhere Reserven hielten, als durch das Gesetz vorgeschrieben war. Dabei hielten neugegründete Banken in der Regel weit höhere Reserven als alte Bankhäuser mit hoher Reputation, die sich auf einen Vertrauensvorschuss bei ihren Kunden stützten konnten. Im Bankengesetz von 1834 stand ein Passus, den man heute als Bailout-Verbot bezeichnen würde; demnach war es der Regierung untersagt, Banken irgendeine Form finanzieller Unterstützung zu gewähren.

Die Zahl der Banken und damit auch die Kreditexpansion waren aber dadurch begrenzt, dass die Banken Partnerschaften mit Vermögensinhabern eingingen, die als solvent und verlässlich galten. Da diese Partnerschaften veröffentlicht werden mussten und die Zahl der Partner, deren Vermögen und Solidität hinreichend bekannt waren, begrenzt war, war auch der Expansion der Zahl der Privatbanken indirekt eine Grenze gesetzt.

Bedingt durch die privaten Wettbewerber war der Bank von Schweden der Weg der Staatsfinanzierung über eine zusätzliche Notenausgabe erschwert und die Kopplung an den Silberstandard wurde konsequenter eingehalten als etwa in Frankreich, wo dieser Wettbewerb nicht existierte. Wegen der schlechten Erfahrung, die die Schweden mit staatlichen Banken gesammelt hatten, musste die Bank von Schweden Reserven von 40 Prozent halten, um ihre Kunden nicht an die privaten Wettbewerber zu verlieren.

Mit der Zeit operierten die privaten Banken immer unabhängiger, obgleich es zahlreiche politische Vorstöße gab, das Recht der privaten Notenausgabe abzuschaffen. Im Jahr 1873 wechselte Schweden dann wie das Deutsche Reich vom Silber- zum Goldstandard. Die privaten

Banknoten bestanden den Wettbewerb mit der staatlichen Bank von Schweden sehr gut. Obwohl diese gegenüber den Privaten im Vorteil war, schließlich mussten die Steuern weiterhin in Banknoten der Bank von Schweden bezahlt werden. Die Banknoten der privaten Banken fanden dennoch so weite Verbreitung, dass Kritiker der Privatbanken die Regierung davor warnten, die privaten Banknoten könnten die Banknoten der Staatsbank sogar völlig verdrängen.

Gerade ihr Erfolg führte dazu, dass die Privatbanken zunehmend Angriffen ausgesetzt waren. Kritiker der privaten Banken machten ihre Notenausgabe für steigende Preise verantwortlich – allerdings lag die Teuerung in der gesamten Epoche des Free Banking in Schweden unterhalb der heutigen Inflationsraten. Die oft angeführte Anfälligkeit von Free Banking für den Ansturm auf die Banken lässt sich für den gesamten Zeitraum nicht nachweisen. Während der immerhin siebzig Jahre währenden Free Banking Epoche war nur eine Bankpleite zu verzeichnen, die nichts mit dem System des Free Banking zu tun hat. Die Schließung der Bank war auf den Betrug und Diebstahl eines Bankmanagers zurückzuführen und die Kunden der Bank erhielten den größten Teil ihres Vermögens zurück.

Am Beginn des 20. Jahrhunderts hatte sich das politische Kräfteverhältnis zu Ungunsten der Anhänger der wirtschaftlichen Freiheit verschoben. Der wirtschaftliche Liberalismus war auch in Schweden durch neue Ideen in die Defensive geraten. Die privaten Banken gerieten im Laufe der Zeit politisch immer stärker unter Druck. Obwohl das Kreditvolumen immer stärker expandierte, wuchs die Kritik, die Zinslast sei zu hoch und die Kreditvergabe zu restriktiv. Besonders die Bauernlobby agitierte für billigere Kredite und kritisierte die hohen Gewinne der privaten Banken. Das führte schließlich zur Einführung einer Sondersteuer von sechs Prozent auf die privaten Bankgewinne.

Der Erfolg der Privatbanken hatte dazu geführt, dass die privaten Banknoten um die Jahrhundertwende weit über die Hälfte, zeitweilig bis zu zwei Dritteln des Umlaufes ausmachten. Die Bank von Schweden hatte mit ihren Banknoten hingegen immer mehr Marktanteile verloren. Den Privatbanken wurde deshalb vorgeworfen, sich durch die Notenausgabe auf Kosten des Staates zu bereichern. Die privaten Banken würden den Gewinn der schwedischen Staatsbank „stehlen", der „rechtmäßig" dem Staat zustehe, hieß es. Und unter den Ökonomen hatte sich inzwischen die Vorstellung durchgesetzt, dass die Währung von einer Zentralbank aktiv gesteuert werden müsse.

Im Jahr 1896 schlug der schwedische König vor, die private Notenausgabe zu verbieten. Das war der Anfang vom Ende der Epoche des schwedischen Free Banking, die immerhin siebzig Jahre lang gedauert hatte. Im Jahr 1903 schaffte das Parlament die private Notenausgabe ab und auch in Schweden begann wie in allen Teilen der Welt das Zeitalter der Zentralbanken und des Fiat-Money.

Literatur:

Erik Lakomaa: Free Banking in Sweden 1830-1903: Experience and Debate, in: The Quarterly Journla of Austrian Economics Bd. 10, H. 2 (Sommer 2007), 25-44.

Veröffentlicht am 3. April 2013

Arbeitslosigkeit in Deutschland – Entstehung und Entwicklung kurz erzählt

In Deutschland gab es bis in die siebziger Jahre hinein Vollbeschäftigung. Dann fielen, angetrieben durch die hohe Inflationserwartung, die Lohnabschlüsse zu hoch aus, was zu verstärkten Rationalisierungsbemühungen der Unternehmen führte. Im Herbst 1974 waren bereits eine halbe Million Menschen arbeitslos, die Zahl wuchs bald auf eine Million an, und zum Anfang der achtziger Jahre waren es schon zwei Millionen Erwerbslose. Einfache Tätigkeiten verschwanden im Laufe der siebziger Jahre vom Arbeitsmarkt oder wurden ins Ausland ausgelagert. Das führte dazu, dass die verbliebenen Arbeitnehmer durch den hohen Grad der Technisierung sehr produktiv waren, es aber

Gering- oder Falschqualifizierte schwer hatten, eine Beschäftigung zu finden, weil es sich für Unternehmen nicht mehr lohnte, sie einzustellen.

Dieser Prozess wurde durch die Wiedervereinigung 1990 verstärkt. Durch den Stufentarifvertrag in den neuen Bundesländern stiegen die Löhne weit schneller als die Produktivität. Dadurch waren die ostdeutschen Unternehmen nicht mehr wettbewerbsfähig und die Massenarbeitslosigkeit in den neuen Bundesländern verfestigte sich zum Dauerzustand. Durch die Folgekosten stiegen die Sozialbeiträge im Westen. In der Boomphase bis 1993 hatten die Gewerkschaften auch in Westdeutschland hohe Lohnabschlüsse durchgesetzt. Das führte in der Krise von 1993 erneut zu massiven Rationalisierungen und Auslagerungen. So gelang es der deutschen Wirtschaft ihren Erfolg ein Stück weit von der Lohnentwicklung in Deutschland abzukoppeln. Das zeigte sich nach 1994 als der Aufschwung einsetzte, aber die Arbeitslosigkeit trotzdem weiter anstieg.

Unter dem Eindruck der Massenarbeitslosigkeit schwenkten die Gewerkschaften auf eine moderate Lohnpolitik um. Durch die Agenda 2010 wurde neben dem traditionellen, von Tarifverträgen geregelten Arbeitsmarkt, der für Arbeitslose abgeschottet war, ein zweiter Arbeitsmarkt geschaffen, auf dem durch Zeitarbeitsfirmen, Leiharbeit, Lohnzuschüsse und relative niedrige Entlohnung Beschäftigung außerhalb des alten Tarifsystems geschaffen wurde. Durch die Verkürzung des Arbeitslosengeldes 1 erhöhte sich der Druck, wieder eine Beschäftigung aufzunehmen, die unter dem bisherigen Einkommensniveau lag. Durch die moderate Lohnpolitik gewann der Standort Deutschland seit der Jahrtausendwende massiv an Wettbewerbsfähigkeit, besonders im Vergleich zu anderen Eurostaaten. Durch die Arbeitsmarktreformen lohnte es sich für Unternehmer, Geschäftsmodelle zu realisieren und dafür Leute einzustellen, die sich zu den alten tarifvertraglichen Regelungen nicht gelohnt hatten.

Dieser Zustand wird häufig wegen der Lohnzurückhaltung und der Rücknahme sozialer Leistungen sehr kritisiert. Der Unmut ist zwar verständlich, allerdings wird der Eindruck erweckt, die Alternative laute: entweder gering bezahlte oder gut bezahlte Beschäftigung. Wäre das die Alternative, dann wäre die Antwort sehr einfach, denn natürlich ist es besser, wenn die Menschen mehr verdienen, als wenn sie weniger verdienen. Angesichts von fünf Millionen Arbeitslosen vor den Reformen der Agenda 2010 lautet die Alternative aber nicht, gut oder gering bezahlte Beschäftigung, sondern gering bezahlte Beschäftigung oder gar keine Beschäftigung. Immerhin kann die langfristige demographische Entwicklung bewirken, dass wenigstens in einigen Bereichen das Angebot qualifizierter Arbeitnehmer die Nachfrage nicht mehr decken kann, was tendenziell zu Lohnerhöhungen führen wird.

Literatur:

Gérard Bökenkamp: Das Ende des Wirtschaftswunders. Geschichte der Sozial-, Wirtschafts-, und Finanzpolitik in der Bundesrepublik 1969-1998, Stuttgart 2010.

Veröffentlicht am 6. Januar 2012

Griechenland ist wie Großbritannien nach der Rückkehr zum Goldstandard 1925

Oft lohnt ein Blick in die Geschichte, um die Probleme der Gegenwart zu verstehen. So lassen sich die Probleme Griechenlands heute gut mit den Schwierigkeiten Großbritanniens nach 1925 vergleichen.

Im Mai 1925 kehrte Großbritannien zum alten Kurs zum Goldstandard zurück. Zu diesem alten Kurs, der die wirtschaftliche Stärke Großbritanniens in der Vorkriegszeit widerspiegelte, war die britische Wirtschaft aber zu diesem Zeitpunkt nicht mehr wettbewerbsfähig. Im alten Goldautomatismus, wie er vor dem Ersten Weltkrieg vorherrschte, hätten Lohnsenkungen die Wettbewerbsfähigkeit wieder hergestellt. In der Zwischenzeit waren die Gewerkschaften aber zu mächtig geworden. Der Versuch, Löhne und Preise an die Wettbewerbslage anzupassen, führte erst zu einem Bergarbeiterstreik und dann zum großen Generalstreik von 1926, der wohl das einschneidendste Ereignis der britischen Innenpolitik der 20er Jahre war. Im Ergebnis blieb Großbritannien in den 20er Jahren in einer Dauerkrise stecken.

Dieser historische Fall ist interessant, weil er die Probleme der griechischen Volkswirtschaft in der Eurozone erklären hilft. Der Eintritt Griechenlands in die Eurozone ist vergleichbar mit der Wiedereinführung des Goldstandards in Großbritannien zum alten Wechselkurs. Wie Großbritannien damals steht Griechenland heute vor dem Problem, innerhalb der Eurozone nicht wettbewerbsfähig zu sein, weil die notwendigen Anpassungsmaßnahmen politisch kaum durchsetzbar sind. Der Goldstandard als Hartwährungssystem funktionierte deshalb, weil flexible Arbeitsmärkte die Anpassung schnell greifen ließen; in den stark regulierten europäischen Arbeitsmärkten der Nachkriegszeit ist das aber nicht mehr möglich. Deshalb musste man seit der Ausschaltung des Anpassungsmechanismus flexibler Arbeitsmärkte einen Umweg über den Wechselkursmechanismus nehmen, um die Wettbewerbsfähigkeit wieder herzustellen. Die Flexibilität der Wechselkurse ersetzte die fehlende Flexibilität der Arbeitsmärkte.

Daraus folgt: Mit flexiblen Arbeitsmärkten ist ein einheitlicher Währungsraum, der auch sehr unterschiedliche Volkswirtschaften umfasst, möglich. Mit unflexiblen Arbeitsmärkten besteht für schwache Volkswirtschaften in einem einheitlichen Währungsraum die Gefahr, dass Massenarbeitslosigkeit zum Dauerzustand wird, so wie man das zum Beispiel auch in Ostdeutschland nach der deutsch-deutschen Währungsunion beobachten konnte. Wollte man wirklich eine europäische Wirtschaftspolitik betreiben, die den Erhalt der Eurozone zum Ziel hat, so müsste diese darauf abzielen, in ganz Europa die Arbeitsmärkte zu deregulieren. Das dies gelingt, ist allerdings nicht sehr wahrscheinlich.

Veröffentlicht am 27. September 2011

Freie Gesellschaft

Die Katholische Kirche in der pluralistischen Gesellschaft

In einer pluralistischen Gesellschaft sind nicht alle Gruppen und Organisationen auf einen Verhaltenskodex festgelegt, sondern können in ihren inneren Angelegenheiten einen eigenen Verhaltenskodex etablieren. In einer pluralistischen Gesellschaft gibt es eine große Bandbreite von Clubs und Vereinen mit unterschiedlichen Verhaltens- und Einstellungsvorgaben. Die Vielfalt reicht vom Heimat- und Schützenverein, über den Golfclub, speziellen Freizeitangeboten für Schwule und Lesben, Burschenschaften, Restaurants für Veganer bis zu Esoterikbuchläden, Kongressen von Ufologen und SM-Clubs. Wer sich in diese Vereinigungen von Menschen hineinbegibt, der akzeptiert deren Regeln, sonst ist eine Mitgliedschaft nicht möglich. Wer die Regeln nicht akzeptieren will, bleibt der Vereinigung fern. Das gilt auch für die Katholische Kirche.

Religiöse Normen in der Theokratie

Wie in vielen anderen Vereinigungen gibt es in der Katholischen Kirche Regeln, die es in anderen Gruppen nicht gibt. Viele Menschen stören sich daran, dass die Katholische Kirche von ihren Priestern ein Zölibat einfordert, Frauen nicht Priester werden dürfen, die Regeln ihrer Sexualmoral wenig mit der Lebenspraxis der Mehrheit der Bürger der westlichen Gesellschaften zu tun haben. Wäre diese Moral gesetzlich festgeschrieben und allgemein verbindlich und würden die, die sie nicht befolgen, dafür politisch verfolgt – dann könnte man in der Tat von einem theokratischen und totalitären System sprechen.

Religiöse Normen im Pluralismus

In einer pluralistischen Gesellschaft handelt sich aber nur um einen legitimen Verhaltenskodex neben vielen anderen. In einer pluralistischen Gesellschaft ist der Katholizismus kein Zwang, sondern eine Option, für die sich der Einzelne entscheiden kann oder auch nicht. Den Pluralismus unterscheidet von einem totalitären Staat, dass es keine absolute Wahrheit, keinen einzigen Verhaltenskodex und keine einzige Identität gibt. Vielmehr organisieren sich Menschen im Rahmen abstrakter, allgemein formulierter Gesetze in verschiedenen Vereinigungen selbst, in denen sie nach eigenen Regeln leben können.

Formale Regeln für unterschiedliche Inhalte

Nehmen wir an, es würde sich eine heidnische Religionsgemeinschaft in Deutschland etablieren, in der nur Frauen Priesterinnen sein dürften und die für alle erwachsenen Angehörigen der Religionsgemeinschaft die Teilnahme an orgiastischen Festen verbindlich vorschriebe; grundsätzlich würde ein Kult um Sexualität betrieben. Das wäre so in etwa das Gegenteil der katholischen Praxis, formal gilt dafür aber dasselbe Prinzip: Eine religiöse Gemeinschaft mit freiwilliger Mitgliedschaft, die ihre inneren Angelegenheiten selber bestimmen darf – im Einklang mit allgemeinen Rechtsgesetzen. Es ist schwer verständlich, warum Menschen, die der Kirche selbst nicht angehören, sich überhaupt für Fragen der Priesterehe oder den Umstand, dass in der Katholischen Kirche nur Männer das Priesteramt ausüben dürfen, interessieren. Es wird schließlich niemand dazu gezwungen, Kirchenmitglied zu sein oder Priester zu werden. Wer mit den Regeln und Glaubensgrundsätzen der Katholischen Kirche ein Problem hat, der kann einfach austreten.

Das Zölibat ist mit der Freiheit des Einzelnen vereinbar

Dass das Zölibat so große Irritationen auslöst, ist von der Sache her eigentlich erstaunlich. Wer katholischer Priester wird, der wird das freiwillig. Daraus folgt, dass die Entscheidung zur Enthaltsamkeit, die damit verbunden ist, auch freiwillig erfolgt. Wer heiraten und Sex haben will, braucht ja nicht katholischer Priester zu werden. Ob das Zölibat theologisch wirklich notwendig ist oder nicht, ist eine interne Angelegenheit der Kirche, ebenso die Frage, ob auch Frauen dieses Amt ausüben dürfen oder nicht. Ob das Zölibat zwingend aus dem Glauben folgt, ist eine Frage der internen theologischen Diskussion zwischen Katholiken, die auf der Basis der Glaubensgrundsätze erfolgt. Wer diese Glaubensgrundsätze nicht teilt, für den erübrigt sich diese Diskussion. Soweit die Mitgliedschaft in der Kirche und die Übernahme eines Priesteramtes freiwillig erfolgt, ist das Zölibat mit der Freiheit des Einzelnen ohne weiteres vereinbar.

Ohne Glauben keine plausible theologische Schlussfolgerung

Ein theologisches System ergibt nur einen Sinn, wenn man die Grundprämissen, aus denen alle anderen Schlussfolgerungen abgeleitet werden, teilt. Zum Beispiel die Grundprämisse des Judentums, dass Gott einen Pakt mit dem jüdischen Volk geschlossen hat, oder die Grundprämisse des Christentums, dass Jesus Christus die Menschheit erlöst hat, oder des Islam, dass Mohammed der letzte Prophet war und ihm der Koran diktiert wurde, oder die Grundannahme des Buddhismus, dass wir Menschen nach dem Tod wiedergeboren werden. Wenn man diese Grundannahmen nicht teilt, dann sind alle Schlussfolgerungen daraus im Grunde Schall und Rauch. Das heißt an einem theologischen Streit können sich glaubhaft eigentlich nur Menschen beteiligen, die wenigstens die Glaubensgrundsätze miteinander teilen. Als Nichtgläubiger dem Gläubigen erklären zu wollen, wie er seine

Glaubensgrundsätze interpretieren sollte, ist ein fragwürdiges Unterfangen.

Nicht das Anprangern von „Sünden", politische Forderungen sind der Streitpunkt

Ein Buddhist muss sich nicht unbedingt darum kümmern, was die Mormonen von der Vielehe halten oder welche Ansichten die christlichen Kirchen über die Hölle und das Jüngste Gericht vertreten. Für Atheisten und Agnostiker wird die Frage, ob sie im Sinne der katholischen Kirche in Sünde leben, keine schlaflosen Nächte bereiten. Wenn sich Menschen aus freien Stücken zusammen schließen und sich bestimmten Regeln unterwerfen und die Abweichung von diesen Regeln als „Sünde" bezeichnen, dann ist grundsätzlich nichts dagegen einzuwenden, solange dies nur für die Angehörigen der Religionsgemeinschaft gilt. Sobald daraus allerdings eine politische Forderung wird, sieht es freilich anders aus, weil es dann alle Menschen betrifft, die die Glaubensgrundsätze der Kirche nicht teilen. Wer mit konkreten Forderungen in die politische Arena eintritt, der muss ganz zwangläufig auch mit Gegenwehr rechnen.

Theologische Standpunkte sind keine Freiheitsbeschränkung

Rein theologische, auf das Jenseits ausgerichtete Standpunkte sind hingegen unproblematisch. Ein bestimmtes Verhalten als Sünde zu bezeichnen, ist keine Einschränkung der individuellen Freiheiten, da jeder selbst entscheidet, ob er diese Erklärung annimmt oder nicht. Die Freiheit mit der Pille zu verhüten wird nicht dadurch eingeschränkt, dass die katholische Kirche die Pille aus theologischen Gründen ablehnt. Wenn es keinen Gott gibt, dann gibt es auch keine Sünde und natürlich nach dem Tod auch keine Strafe. Wer nicht an Gott oder das katholische Lehramt glaubt, der braucht sich nicht dadurch irritieren zu lassen, dass die Kirche an die Gläubigen appelliert: „Sündige nicht!", um der Strafe zu entgehen. Wenn es aber Gott, die Sünde und die Strafe entsprechend der katholischen Vorstellungen tatsächlich gibt, dann könnte auch die Kirche offensichtlich nichts daran ändern und es würde nichts helfen, wenn die Kirche aus politischem Opportunismus plötzlich ihre Meinung darüber ändert.

Vertragsfreiheit bei freiwilliger Mitgliedschaft

Der Liberalismus hat grundsätzlich mit allen Organisationen und Gemeinschaften ein Problem, die eine Zwangsmitgliedschaft begründen und den Austritt nicht erlauben. Das war bei den Kirchen viele Jahrhunderte lang der Fall, und solange das so war, gab es gute Gründe den Streit mit dem vorherrschenden Glaubensmonopol zu suchen. Heute existiert dieses Glaubensmonopol der Kirchen in Deutschland nicht mehr und die Mitgliedschaft in den Kirchen ist nicht zwingend, sondern freiwillig. Damit kann die katholische Kirche sich gut begründet auf das Recht berufen, ihre Angelegenheiten selbst zu regeln und die Freiheit für sich in Anspruch nehmen, die jeder freiwillige Zusammenschluss für sich in Anspruch nehmen können sollte. So ist es nicht problematisch, dass die Kirchen ihre Mitarbeiter nach bestimmten Kriterien auswählen dürfen, es ist problematisch, dass andere Organisationen es nicht dürfen und ihre Vertragsfreiheit damit eingeschränkt wird.

Das Problem ist die Verquickung von Staat, Kirche und anderen privaten Vereinigungen

Problematisch ist nach wie vor die Verquickung von Kirche und Staat in der Bundesrepublik Deutschland, hinzukommen die Sonderregelungen für die Kirchen, die nicht auch für alle anderen Vereinigungen gelten. Diese Verquickung ist allerdings ebenso problematisch wie die Verquickung von Staat und Gewerkschaften, Staat und öffentlich-rechtlichem Rundfunk, Staat und Umweltverbänden, Staat und Finanzwirtschaft, Staat und Genderpolitik. In allen diesen Fällen kann man die Frage stellen, warum ein bestimmtes Geschäftsmodell, Weltanschauung oder Lebenspraxis auf Kosten anderer Bürger gefördert werden soll, die von diesem Geschäftsmodell nicht profitieren, diese Weltanschauung nicht teilen oder die Lebenspraxis selbst nicht praktizieren wollen. Wer Steuergelder nimmt und den Gesetzgeber bemüht, der muss sich gegenüber dem Steuerzahler und den Bürgern, die die Steuern zahlen und unter diese Gesetzgebung fallen, auch rechtfertigen. Insoweit war es nur konsequent von Papst Benedikt dem XVI. eine größere Distanz zum Staat zu fordern, nicht zuletzt um Handlungsautonomie zurückzugewinnen (gegenüber dem Steuerzahler und den Bürgern....?; das sind doch die Gleichen).

Veröffentlicht am 14. März 2013

Meinungsfreiheit ist weniger geschützt als Religionsfreiheit

Die Aussage, dass es einen Gott gibt, ist eine Meinung. Diese Meinung kann richtig oder falsch sein. Die Meinung, dass es keinen Gott gibt, kann ebenso richtig oder falsch sein. Es ist nicht schlüssig begründbar, dass die eine Meinung mehr geschützt sein sollte als die andere. Auch die Beschreibung Gottes ist eine Meinungsäußerung. Die Aussage, Gott sei barmherzig, ist qualitativ nicht anderer Natur als die Aussage, Gott sei böse. Es handelt sich um Aussagen, die richtig oder falsch sein können, und die beide durch die Meinungsfreiheit geschützt sind. Dasselbe gilt für alle Ableitungen davon, also auch über Aussagen über Propheten, Engel, magische Wesen usw.

Ein religiöses Bekenntnis ist also eine Meinung und fällt damit unter die Meinungsfreiheit. Daraus ergibt sich aber auch, dass sie gleichwertig mit anderen Meinungen und diesen nicht übergeordnet ist. Die Religionsfreiheit ist eine Sonderform der Meinungsfreiheit und anderer Grundrechte. Selbst wenn die Religionsfreiheit nicht explizit im

Grundgesetz verankert wäre, wäre sie dennoch durch das Bestehen der anderen Grundrechte gewährleistet. Umgekehrt ist das nicht der Fall.

Im Grundgesetz ist das Verhältnis von Meinungsfreiheit und Religionsfreiheit ein stückweit auf den Kopf gestellt. Die Meinungsfreiheit ist im Grundgesetz durch folgenden Passus eingeschränkt: „Diese Rechte finden ihre Schranken in den Vorschriften der allgemeinen Gesetze, den gesetzlichen Bestimmungen zum Schutze der Jugend und in dem Recht der persönlichen Ehre." Eine solche ausdrückliche Schranke gibt es für die Religionsfreiheit im Grundgesetz nicht. Die Religionsfreiheit ist im Grundgesetz also stärker gesichert als die Meinungsfreiheit, was nicht unbedingt auf höhere Weisheit zurückzuführen, sondern dem Umstand geschuldet ist, dass mit der Zentrumspartei in der Weimarer Republik und der CDU/CSU bei der Ausarbeitung des Grundgesetzes konfessionelle Parteien eine starke Rolle bei der Formulierung der Verfassung gespielt haben.

Das Ergebnis ist im Grunde eine Absurdität: Der Grad des Schutzanspruches meiner Meinung hängt davon ab, ob ich diese Meinung mit einem göttlichen Wesen begründe oder nicht. Wir würden wohl kaum in Deutschland das Schwarzbuch des Kommunismus verbieten, wenn es deshalb in Kuba und Nordkorea zu Ausschreitungen käme. Ohne Zweifel hat das Schwarzbuch des Kommunismus viele Anhänger des Kommunismus erbost und vielleicht auch verletzt. Wir gehen aber davon aus, dass eine solche Verletzung hingenommen werden muss. Ansonsten würden nämlich Kuba und Nordkorea darüber entscheiden, welche Kritik am Kommunismus in Zukunft in Deutschland noch möglich ist.

Überzeugte Kommunisten müssten sich zum Beispiel einen Film gefallen lassen, in dem Marx und Lenin Opfer einer Satire werden, als Irre oder psychisch schwer Gestörte dargestellt werden. Wenn in einem Film über Liberale diese als geldgierige, von der Wirtschaft gekaufte Marionetten des Großkapitals dargestellt werden, so gäbe es keinen Zweifel daran, dass sich Liberale das gefallen lassen müssen, selbst wenn sie sich dadurch in ihren Gefühlen verletzt fühlen.

Um den rechtlichen Schutz ihrer Weltanschauung zu erhöhen, gäbe es ein probates Mittel, nämlich die eigene Weltanschauung explizit in den Rang einer Religion zu erheben. Würden zum Beispiel

Kommunisten Marx und Liberale Adam Smith in den Rang des Verkünders einer transzendentalen Gottheit erheben, dann könnte eine Polemik gegen sie leicht in den Bereich fallen, für den der Gesetzgeber der Meinungsfreiheit Schranken gesetzt hat, nämlich in den Bereich der Blasphemie.

Mohammed gilt für die Anhänger des Islam als Gesandter Gottes. Das ist eine legitime Meinung. Für alle, die diese Meinung nicht teilen, ist er jedoch kein Gesandter Gottes, sondern einfach ein Mensch wie jeder andere, dessen historisches Wirken und Handeln man genauso kritisch und auch polemisch hinterfragen kann wie das Wirken von Perikles, Karl dem Großen, Napoleon, Churchill, Gandhi, Adenauer und jeder anderen historischen Persönlichkeit, Jesus, Buddha oder den Begründer der Mormonen Joseph Smith eingeschlossen. Das Argument, man dürfe mit einer Meinungsäußerung keine Gefühle verletzen, würde dazu führen, dass polemische Darstellungen h istorischer Persönlichkeiten überhaupt nicht mehr möglich wären. Es gibt wahrscheinlich Millionen von Menschen, die sich durch eine Herabwürdigung von Karl Marx, Queen Victoria oder Gandhi beleidigt fühlen.

Franz Josef Strauß durfte in Deutschland als kopulierendes Schwein dargestellt werden. Das hat in Bayern und unter den Anhängern der CSU sicher viele Gefühle verletzt, aber das Gericht war der Ansicht, dass eine solche Herabwürdigung einer politischen Führungsfigur von historischer Bedeutung hinzunehmen ist. Bei Führungsfiguren, die für sich religiöse Legitimation beansprucht haben, und bei religiösen Gefühlen sehen das viele anders, obwohl der einzige Unterschied ist, dass in dem einen Fall sich eine Weltanschauung auf eine diesseitige und in dem anderen Fall auf ein metaphysische Begründung stützt. Die metaphysische begründete Weltanschauung für schützenswerter zu halten als eine wie auch immer geartete diesseitige Begründung einer Weltanschauung, ist aber mitnichten einleuchtend, sondern extrem willkürlich. Auch hier muss wieder die Regel gelten: Gleiches Recht für alle!

Veröffentlicht am 19. September 2012

Was ist Religionsfreiheit?

Diese Frage ist (wieder) relevant, weil unterschiedliche Vorstellungen unter diesem Begriff gefasst werden. Religionsfreiheit kann zwei Bedeutungen haben. Erstens kann Religionsfreiheit bedeuten, dass eine Person das Recht hat, darüber zu entscheiden, ob sie einer Religionsgemeinschaft angehören will oder nicht – dazu gehört auch das Recht, diese Zugehörigkeit zum Ausdruck zu bringen.

Die zweite Bedeutung zielt auf die Freiheit der Religionsgemeinschaft ab. Dabei geht es dann nicht um die Freiheit des Individuums, sondern um die Freiheit der Gruppe. Im Mittelpunkt steht die Vorstellung, dass eine Religionsgemeinschaft als Gemeinschaft bestimmte Rechte hat, um ihr Fortbestehen und ihre Existenz zu sichern. Beide Freiheiten sind grundsätzlich voneinander zu unterscheiden. Die Freiheit einer bestimmten ethnischen oder religiösen Gruppe geht von einem grundsätzlich anderen Freiheitsbegriff aus als die Freiheit des einzelnen Bürgers. Die Religionsfreiheit, wie sie im Grundgesetz bestimmt ist, bezieht sich auf die Freiheit des Einzelnen, nicht auf die Kollektivrechte einer Gruppe.

Wenn man über Religionsfreiheit spricht, dann sollte man zunächst erklären, welche dieser zwei Freiheiten gemeint ist, denn die beiden können sich widersprechen, tatsächlich tun sie das häufig. Wenn es um die Freiheit einer Gruppe geht, dann kann es zur Freiheit dieser Gruppe gehören, die Freiheit eines Gruppenmitgliedes zu beschneiden. Wenn zum Beispiel eine Religionsgemeinschaft ihren Mitgliedern die Ehe mit Partnern, die nicht der Religionsgemeinschaft angehören, verbietet und Zuwiderhandlungen bestraft, dann schränkt sie damit die Freiheit des Einzelnen auf die freie Wahl des Ehepartners ein. Die Religion kann eine solche Einschränkung der Handlungsfreiheit als dringend notwendig empfinden, um die Befolgung ihrer Normen zu gewährleisten.

Das heißt die Freiheit und auch die Religionsfreiheit des einzelnen Bürgers besitzt Vorrang – sie macht eine Einschränkung der Freiheit der Religionsgemeinschaft erforderlich. Das individuelle Recht auf Religionsfreiheit bedeutet, dass man die Freiheit des Individuums höher stellt als das Existenzrecht der Gruppe. Das Freiheitsrecht der Religionsgemeinschaft findet seine Grenze bei der Freiheit des Individuums. Wenn zum Beispiel viele Angehörige einer Religionsgemeinschaft sich dazu entscheiden, freiwillig Angehörige einer anderen Religionsgemeinschaft zu heiraten, kann es sein, dass sich die Religionsgemeinschaft auflöst. Die Gruppe an sich ist aber nicht Träger von Rechten, sondern nur das Individuum. In diesem Sinne wird Religionsfreiheit auch nicht eingeschränkt, wenn das Individuum vor dem Zugriff der Gruppe in Schutz genommen wird. Ganz im Gegenteil wird dessen Religionsfreiheit dadurch gewahrt.

Die Religionsgemeinschaft darf ihre inneren Angelegenheiten also nur insoweit frei und autonom regeln, als damit die Freiheit des Einzelnen nicht verletzt wird. Das heißt jeder Angehörige der Religionsgemeinschaft muss das Recht haben, auch aus der Religionsgemeinschaft austreten zu können, unabhängig davon, ob ein solcher Austritt durch die Normen der Religionsgemeinschaft legitimiert wird oder nicht. Das gilt auch für Kinder: denn Kinder gehören zwar in die Obhut ihrer Eltern, sie sind aber nicht Eigentum ihrer Eltern. Sie sind erst recht nicht Eigentum ihrer Religionsgemeinschaft. Die Rechte der Eltern werden durch die Garantie der Rechte des Kindes nicht berührt. Die Rechte des Einzelnen finden ihre Grenze immer dort, wenn die Rechte anderer verletzt werden. Religionsfreiheit im Sinne des Grundgesetzes bedeutet deshalb nicht, dass eine religiöse Gruppierung die Rechte ihrer Mitglieder einschränken darf, sondern im Gegenteil, dass die Rechte dieser Mitglieder auch gegen das Kollektiv, in das sie hineingeboren werden, zu schützen sind.

Veröffentlicht am 17. Juli 2012

Es darf keine Meinungs- und Glaubensmonopole geben

Nicht nur das Streben, sich materielle Güter auf Kosten anderer anzueignen, sondern auch der Versuch, seine persönlichen Glaubensvorstellungen anderen mit Gewalt aufzuzwingen, hat furchtbare Folgen gezeitigt. Im Dreißigjährigen Krieg hat Deutschland je nach Schätzung zwischen einem Drittel und zwei Dritteln seiner Bevölkerung verloren, weite Teile des Landes wurden verwüstet. Der Westfälische Friede war der Versuch, eine dauerhafte Friedensordnung zu etablieren und einen Status quo der verfeindeten Konfessionen. Es hat noch lange gedauert bis sich die Überzeugung durchgesetzt hat, dass Religion und innere Überzeugungen nicht mit Gewalt durchgesetzt werden dürfen, sondern persönliche private Entscheidungen sind. So wenig wie es politische und ökonomische Monopole geben sollte, so wenig sollte es Glaubensmonopole geben.

John Stuart Mill erklärte dazu: „Wenn alle Menschen außer einem derselben Meinung wären und nur dieser einzige eine entgegengesetzte hätte, dann wäre die ganze Menschheit nicht mehr berechtigt, diesen einen mundtot zu machen, als er, die Menschheit zum Schweigen zu bringen, wenn er die Macht hätte."

Dabei galten Mill falsche Meinungen nicht weniger schützenswert als richtige Meinungen, denn durch den Widerstreit von Wahrheit und Irrtum würde erstere noch klarer hervortreten. Hinzu komme, dass man sich tatsächlich niemals sicher sein könne, dass eine Wahrheit nicht fehlerhaft sei. Diejenigen, die darüber entscheiden wollten, welche Meinung richtig und welche falsch sei, würden sich selbst zusprechen, über die absolute Wahrheit zu verfügen, sonst könnten sie ein solches, abschließendes Urteil nicht fällen. Oder wie Mill schreibt: „Wenn man sich weigert, eine Meinung anzuhören, weil man sie von vornherein für falsch hält, so bedeutet dies, dass man sich anmaßt, die eigene

Gewissheit für eine absolute Tatsache zu halten." Jedes Unterbinden einer Erörterung sei deshalb eine Anmaßung von Unfehlbarkeit.

Die Verführung, sich diese Unfehlbarkeit anzumaßen, ist sehr groß, schließlich ist jeder zumindest ein gutes Stück weit davon überzeugt, selbst im Recht zu sein und der andere im Unrecht. Demokratie heißt dem Antipoden dieselben Freiheitsrechte einzuräumen, die man selbst besitzt. Das kommt in dem Voltaire zugeschriebenen Satz zum Ausdruck: Ich hasse ihre Meinung, aber ich würde dafür sterben, dass sie sie sagen dürfen. Der Satz ist zwar nicht wortwörtlich authentisch, bringt aber die Position des Liberalismus zur Religions-, Meinungs- und Gewissensfreiheit sehr treffend zum Ausdruck.

Veröffentlicht am 16. April 2012

Papst Benedikt und das Kirchenpapier der FDP von 1974

Es ist schon ein wenig ironisch, wenn nach der Rede von Papst Benedikt in Freiburg, in der er die „Streichung von Privilegien" als Chance für die Kirche beschrieben hat, von den „Freiburger Thesen" des Papstes gesprochen wird, so etwa in der Zeitung Die Welt. Schließlich waren die Freiburger Thesen ein bis heute viel diskutiertes Programm der FDP zur Zeit der sozialliberalen Koalition. In diese Phase fiel auch das Kirchenpapier von 1974 „Freie Kirche im Freien Staat", in dem die FDP mit großer Klarheit eine Trennung von Staat und Kirche gefordert hat. Diese Forderung ist oft als Ausdruck von liberalem Antiklerikalismus fehl gedeutet worden. Denn wenn man sich die Position des heutigen Papstes ansieht, stellt man fest, dass zwischen den Positionen der FDP damals und den Positionen des heutigen Papstes zum rechtlichen und politischen Verhältnis von Staat und Kirche eher Nuancen liegen als Welten.

Bereits 1994 hatte Kardinal Joseph Ratzinger in einem Interview erklärt: „Deswegen bin ich nicht grundsätzlich dagegen, daß man in entsprechenden Situationen auch zu stärkeren Trennungsmodellen schreitet. Es hat insgesamt der Kirche eher gut getan, daß sie sich nach dem Ersten Weltkrieg aus den staatskirchlichen Systemen lösen mußte. Die zu starken Verbindungen sind ihr immer schlecht bekommen. Insofern, denke ich, müssen die Bischöfe in Deutschland ganz realistisch überlegen, welche Formen der Verbindung von Staat und Kirche wirklich von innen her durch Überzeugungen gedeckt und dadurch fruchtbar sind, und wo wir nur Positionen aufrechterhalten, auf die wir eigentlich kein Recht mehr haben." Diese Auffassung geht durchaus in dieselbe Richtung, die das Kirchenpapier der FDP von 1974 aufwies.

So hatte Liselotte Funcke in ihrer Rede, mit der sie das Kirchenpapier im Oktober 1974 auf dem FDP-Parteitag in Hamburg einbrachte, dargelegt: „Die Unabhängigkeit von Staat und Kirche verpflichtet den Staat, seine traditionellen Einwirkungsmöglichkeiten auf innerkirchliche Angelegenheiten aufzugeben. Wo die Kirche ihre Diözesangrenzen zieht und wie sie ihre Pfarrstellen besetzt, dafür bedarf es keiner staatlichen Mitwirkung oder Kontrolle. Und es gehört zur Eigenständigkeit der Kirchen, daß sie den Eintritt und den Austritt selbständig regeln. Dabei muß allerdings sichergestellt werden, daß – wie immer sich innerkirchlich Eintritt und Austritt versteht – die Möglichkeit des Austritts mit Wirkung für das staatliche Recht im Sinne der Glaubensfreiheit gewährleistet ist."

Bis heute ist die Kirchensteuerfrage umstritten, gerade wenn es um die Rolle der Kirche in der Gesellschaft geht. Funcke betonte in ihrer Rede, dass die Kirchen aus ihrem eigenen Selbstverständnis heraus den Fragen um die Kirchensteuer langfristig nicht mehr ausweichen könnten. In den Thesen des Kirchenpapiers heißt es zur Kirchensteuer: „Die bisherige Kirchensteuer ist durch ein kircheneigenes Beitragssystem zu ersetzen. Es sind mit den Kirchen entsprechende Verhandlungen über die Modalitäten der Überleitung aufzunehmen und ausreichende Fristen vorzusehen." In der Präambel des Kirchenpapiers wurden die Kirchen aufgefordert, sich aktiv an der sachlichen Diskussion zu beteiligen. Über den heutigen Papst lässt sich kaum sagen, dass er das nicht getan und nicht bereits vor geraumer Zeit konstruktive Vorschläge in die Diskussion eingebracht hätte.

In demselben Interview erklärte Kardinal Ratzinger: „Im großen ganzen wird, wie mir scheint, das deutsche Kirchensteuersystem heute noch von einem ziemlich breiten Konsens getragen, weil man die Sozialleistung der Kirchen anerkennt. Vielleicht könnte in Zukunft einmal der Weg in die Richtung des italienischen Systems gehen, das zum einen einen viel niedrigeren Hebesatz hat, zum anderen aber – das scheint mir wichtig – die Freiwilligkeit festhält. In Italien muß zwar jeder einen bestimmten Satz seines Einkommens – 0,8 %, glaube ich – einem kulturellen bzw. wohltätigen Zweck zuführen, worunter die katholische Kirche figuriert. Aber er kann den Adressaten frei wählen. Faktisch wählt die ganz große Mehrheit die katholische Kirche, aber die Wahl ist freiwillig." Dieser Vorschlag Kardinal Ratzingers wäre als Antwort auf die Kirchensteuerfrage wohl ein Kompromiss, mit dem die übergroße Mehrheit der Liberalen – selbst der sehr kirchenkritisch eingestellten – gut leben könnte.

Literatur:

Thesen der Freien Demokratischen Partei „Freie Kirche im Freien Staat". Beschlußvorschlag des 25. Bundesparteitages der F.D.P. in Hamburg (30. 09. - 2. 10. 1974), eingebracht von Liselotte Funcke und Ingrid Matthäus (Bundesvorstand der F.D.P.). http://gbs-hh.de/pdf/Thesen-FDP-Kirchenpapier.pdf

Der Papst zur Kirchensteuer auf kath.net vom 06. April 2009, Papst Benedikt und die Kirchensteuer (Auszüge aus dem „Salz der Erde", ein Interviewbuch mit Peter Seewald aus dem Jahre 1994). http://www.kath.net/news/22566

Veröffentlicht am 21. Oktober 2011

Pluralismus in einer freien Gesellschaft

Eine totalitäre Gesellschaft erkennt man daran, dass in jedem Glied der Gesellschaft offiziell dieselben Werte und Prinzipien gelten. Im Sozialismus gibt es zum Beispiel nur eine sozialistische Erziehung, eine sozialistische Kunst und eine sozialistische Wissenschaft. Totalitarismus ist das Streben nach vollständiger Vereinheitlichung der Gesellschaft im Sinne eines einzigen, unhinterfragbaren Prinzips. Eine freie Gesellschaft erkennt man daran, dass man nur durch eine Tür treten muss und schon gelten ganz andere Spielregeln, und wenn ich diese Spielregeln nicht akzeptieren möchte, dann trete ich nicht durch diese Tür.

Ohne Zweifel sind Menschen schon von ihrer Veranlagung her sehr unterschiedlich. Denken, Fühlen, Handeln, Bedürfnisse sind bereits durch die Genetik in unterschiedliche Richtungen vorgeprägt. Durch divergierende biographische Einflüsse werden diese Unterschiede noch größer, zuweilen so groß, dass Bedürfnisse und Wünsche anderer Menschen kaum noch emotional nachvollziehbar oder sogar suspekt sind. Aus dieser Unterschiedlichkeit ergibt sich ein Konfliktpotenzial. Die Lösung dieses Problems besteht in der sozialen Ausdifferenzierung, dem Recht auf freiwillige soziale Trennung.

Jeweils jene Menschen werden sich zusammenfinden, die ähnliche Vorlieben, Bedürfnisse, Abneigungen und Ziele besitzen. Und diese sozialen Gruppierungen werden sich aufgrund ihrer gemeinsamen Basis auf spezifische Regeln einigen, die sich von anderen Gruppen unterscheiden. Wem diese Regeln nicht passen, der schnürt sein Bündel und geht oder meidet von vornherein diese Gruppierung. Das kann jedoch nur auf der Grundlage des Antiaggressions- und das Eigentumsprinzip funktionieren: Keine Gruppe hat das Recht in die Lebenswelt der anderen Gruppe durch Repressionen einzugreifen, solange die Zugehörigkeit zu dieser Gruppe freiwillig ist und das Recht sie auch wieder zu verlassen gewährleistet ist. Das Eigentumsrecht bedeutet, dass jeder seinen Lebensstil selbst finanzieren muss. Die Problemlösung in kleinen, auf freiwilliger Zugehörigkeit beruhenden Gruppierungen ist letztlich nichts anderes als die konsequente Umsetzung der Subsidiarität.

Veröffentlicht am 31. Juli 2010

Religion und Freiheit

Diskussionen über die Missbrauchsfälle in der Katholischen Kirche und das Zölibat, über das mögliche Verbot von Scientology und das Verbot von Minaretten in der Schweiz, ferner die Angst vor dem islamischen Terrorismus, aktuell die Volksabstimmung in Berlin über den Religionsunterricht, schließlich Richard Dawkins atheistischer Bestseller – die Liste ließe sich fortsetzen. Religion ist wieder ein bedeutsames Thema geworden. Aus Sicht der liberalen Sozialphilosophie ist Religion grundsätzlich mit Freiheit vereinbar, solange zwei einfache Prinzipien eingehalten werden: Religion darf keine direkte oder indirekte Gewalt ausüben gegen Menschen, die der Religionsgemeinschaft nicht angehören, und sie darf niemanden daran hindern, die Religionsgemeinschaft zu verlassen.

Eine Religion kann Sex für ihre Priester verbieten und sogar jeden Gläubigen auffordern, Sex ausschließlich für die Fortpflanzung auszuüben. Eine Religion kann auch die Mehrehe erlauben oder sexuelle Ausschweifungen als kultisches Ritual betreiben. Eine Religion muss ihre Wahrheiten nicht rechtfertigen und darf auch verbal den Anspruch erheben, die alleinseligmachende zu sein. Eine religiöse Gemeinschaft muss nicht beweisen, dass ihre Schriften auf historischen oder physikalischen Tatsachen beruhen. Sie kann den technologischen Fortschritt für ihre Angehörigen vollkommen ablehnen und sie kann ihn voller Enthusiasmus begrüßen. Sie kann ihre Gläubigen auf Armut und Kommunismus festlegen oder zum gesellschaftlichen und ökonomischen Erfolg anfeuern.

Die Glaubens-, Gewissens- und Meinungsfreiheit schließt sowohl das Recht mit ein religiöser Fundamentalist als auch Religionsverächter zu sein. Es ist lediglich verboten aus religiösen und anderen weltanschaulichen Motiven zu tun, was man auch aus anderen Motiven nicht tun darf. Man darf nicht töten, nicht nötigen, nicht stehlen, die körperliche Gesundheit anderer nicht bedrohen. Es ist hilfreich nicht das Motiv, sondern die Handlung in den Mittelpunkt zu stellen. Wer zum Beispiel seine Schwester umbringt, weil diese sich einen Mann gegen die vorherrschende Norm ausgesucht hat, der ist kein Märtyrer und begeht keinen „Ehrenmord", sondern der begeht einfach einen Mord und ist ein Mörder. Sowenig wie ein Staat das Recht hat seine Bürger zu erschießen, wenn sie das Territorium verlassen wollen, sowenig hat irgendeine Religionsgemeinschaft das Recht, jemanden mit der Androhung von Gewalt davon abzuhalten, sich von ihr abzuwenden.

Soziale Sanktionen, die die individuelle Freiheit nicht tangieren, sondern nur die Nutzung der eigenen Freiheit betreffen, sind allerdings erlaubt. Wenn die Angehörigen einer Religionsgemeinschaft mit dem „Abtrünnigen" nicht mehr reden und keinen Kontakt mehr pflegen wollen, dann ist das ihr gutes Recht. Schließlich sollte man niemandem vorschreiben dürfen, mit wem er Umgang pflegen soll. Wenn eine Familie sich dafür entscheidet, den Kontakt zu einem Familienmitglied abzubrechen, weil dieses sich von der Religion abgewendet (hat ev. streichen) oder sich für einen Lebensstil entschieden hat, der mit dieser unvereinbar erscheint, dann ist das zwar sehr traurig, aber nicht zu ändern.

In freiheitlicher Perspektive war es zum Beispiel das gute Recht von Salman Rushdi, die Satanischen Verse zu schreiben, und das gute Recht seiner Verleger, das Buch zu vertreiben. Die Muslime, die sich durch die Ausführungen verletzt fühlten, hatten das gute Recht, ihn auf der gleichen Ebene in Wort und Schrift zu attackieren. Sie durften den Autor kritisieren, sich über ihn lustig machen, demonstrieren, sich weigern, bei den Verlagen noch irgendetwas zu kaufen usw. Das ist alles legitim, denn damit übten sie nur dieselben Rechte aus, die auch der Schriftsteller für sich Anspruch nimmt und die mit Recht und Freiheit im Einklang stehen. Indem Islamisten aber Rushdis Leben bedrohten und Verleger seiner Bücher ermordeten, wurden sie einfach zu gewöhnlichen Verbrechern.

Weltanschauliche Toleranz heißt nicht, wie manchmal unterstellt wird, Relativismus. Die Suche nach letzten Wahrheiten schließt das keineswegs aus. Dass nicht alles gleichzeitig wahr sein kann, das ist schlicht eine Frage der Logik. Dass es nicht gleichzeitig nur einen Gott und viele Götter und gar keinen Gott geben kann, das ist vollkommen offensichtlich. Das Entscheidende ist nicht, dass es keinen Streit zwischen den Religionsgemeinschaften um die Wahrheit geben darf. Das Entscheidende ist, dass der Streit mit friedlichen Mitteln und mit Argumenten ausgetragen werden muss. An Stelle von Gewalt genauso wie Zwangsharmonie steht in einer freien Gesellschaft der gewaltfreie Disput.

Veröffentlicht am 10. April 2010

Der Autor

Dr. Gérard Bökenkamp (Jahrgang 1980) ist Historiker und Publizist. Einer seiner Forschungsschwerpunkte ist die Geschichte der Wirtschafts- und Innenpolitik der Bundesrepublik Deutschland. Zu diesem Thema erschien seine Doktorarbeit unter dem Titel das „Ende des Wirtschaftswunders", die 2011 mit dem Europapreis des Vereins Berliner Kaufleute und Industrieller (VBKI) ausgezeichnet wurde.

Er leitete als Chefredakteur eine Online-Zeitung und hat zahlreiche Artikel, Rezensionen, Blog- und Radiobeiträge zu politischen und wirtschaftlichen Themen unter anderem in der Frankfurter Allgemeinen Zeitung, dem Deutschlandradio und in eigentümlich frei veröffentlicht. Weitere Interessengebiete sind Wirtschaftsgeschichte, die Philosophie und Geschichte des Liberalismus, neue Medien und Demographie. Von den Lesern von Freiheit.org wurde er zum „Autor der Freiheit 2009" gewählt.

Gérard Bökenkamp ist durch seine zahlreichen Artikel, nicht zuletzt in der libertären Zeitschrift *eigentümlich-frei*, zu einer liberalen Marke geworden. Er gehört zur jungen Generation konsequent liberaler Denker. Politisches Gespür, vielseitiges soziologisch-politisches Wissen und ein unabhängiger Standpunkt zeichnen ihn aus. Dazu gehört auch seine gleichermaßen sympathisch eindringliche wie eigenständige Perspektive, die er mit Skepsis und klarer Argumentation verbindet.

Ausgewählte Publikationen:

- Das Ende des Wirtschaftswunders: Geschichte der Sozial-, Wirtschafts- und Finanzpolitik in der Bundesrepublik 1969 - 1998, Lucius & Lucius, Stuttgart 2010
- Direkte Demokratie - Geschichte, Entwicklungen und Perspektiven für die Bundesrepublik, Berlin 2011.
- Markt, Freiheit und Reform. Ein Milton-Friedman-Brevier, NZZ libro, Zürich 2012.
- Kirche und Staat in Deutschland. Welchen Spielraum hat die Politik? PositionLiberal 112, Berlin 2012.
- Das Grundrecht auf Meinungsfreiheit und Political Correctness im Spannungsfeld, Berlin 2013.

„Das Ende des Wirtschaftswunders"[1]

Gérard Bökenkamp: Das Ende des Wirtschaftswunders. Geschichte der Sozial-, Wirtschafts- und Finanzpolitik in der Bundesrepublik 1969-1998, Lucius & Lucius, Stuttgart 2010, 569 S., 49,00 Euro.

Von der Reformeuphorie durch Planung zur Rücknahme eben jener Reformen angesichts einer nicht mehr ignorierbaren Realität – das ist der Spannungsbogen der umfangreichen, aber lesenswerten Monographie von Gérard Bökenkamp. „Es geht in diesem Buch immer wieder um die Konsolidierungspolitik, ihre seltenen Erfolge und ihr häufiges Scheitern." konstatiert der Berliner Historiker. Die Zukunft der Demokratie hänge davon ab, ob immer wieder eine begrenzte „Austerity-Politik" gelinge.

Klug wird man bekanntlich weniger durch das Lesen von Büchern, sondern durch Nachdenken über das Gelesene. „Das Ende des Wirtschaftswunders" ist eine Art wirtschaftspolitisches Handbuch, das zum Nachdenken anregt und eine Fülle von Detail- und Grundsatz-erkenntnissen zu drei Dekaden bietet: „Das Jahrzehnt der Illusionen 1970-1980", „Das Jahrzehnt der unvollkommenen Konsolidierung 1980-1990" und „Die Bewältigung der Deutschen Einheit 1990-1998".

Der Leser bekommt, was Bökenkamp verspricht: eine „anschauliche Beschreibung der wirtschaftspolitischen Zusammenhänge, wie sie sich in der realen Welt abzeichneten". Die Regierungen schürten wiederholt Krisen; sie schufen ohne Not Massenarbeitslosigkeit und eine über-bordende Staatsverschuldung, für deren Beseitigung keine Partei eine geeignete Antwort hat. Das gilt umso mehr, als das Ausgabenproblem strukturell bei der Politik und nicht bei einzelnen Parteien liegt, wenn

---

[1] Quelle: Rezension von Michael von Prollius, erschienen in der Zeitschrift eigentümlich frei im Dezember 2010, S. 59.

auch Helmut Schmidt zunächst die Hauptverantwortung als Schulden-minister und -kanzler trägt.

Alle Regierungen handelten wiederholt ökonomisch unvernünftig, aber im Einklang mit vermeintlichen und tatsächlich geringen Spiel-räumen. Inkonsistenz und Improvisation zeichnen 30 Jahre Regierungshandeln aus, einschließlich der „Renten-“ und „Steuerlüge“ (1976, 1991). Bezeichnend ist Jürgen Möllemanns Überzeugung: „Das bisschen, was man für das Wirtschaftsministerium braucht, lerne ich über Weihnachten.“

Anschaulich schildert Gérard Bökenkamp wie sehr sich alle Regierungen im Gestrüpp des Interventionismus verfangen und welches Ausmaß der permanente politische Kleinkrieg innerhalb einer Partei oder Koalition regelmäßig erreicht. Es ist haarsträubend! Zugleich zeigt das Beispiel Stoltenbergs als Finanzminister, wie aufreibend eine halbwegs vernünftige Politik ist.

Die Fülle inhaltlicher Ergebnisse wird regelmäßig zusammengefasst und eingeordnet. Dazu gehören Zweifel an der Unabhängigkeit der Bundesbank angesichts der politischen Bestellung ihrer Präsidenten, Karl Schillers Öffentlichkeitsarbeit für eine Aufwertung der D-Mark und des politisch festgesetzten Umtauschkurses der Wiedervereinigung. Wie stark die Gewerkschaften Politik gestalteten verdeutlicht ihr Anspruch in den 70er Jahren, den Arbeitsminister zu bestimmen. Wer Beispiele für geldpolitischen Boom und Bust sucht, wird sowohl zu Beginn der 70er Jahre als auch im Anschluss an die Wiedervereinigung fündig. Gut dokumentiert ist, dass Konjunkturpolitik nicht funktioniert und zu spät kommt. Schließlich scheiterte die Familienpolitik bereits in den 80er Jahren an ihren selbstgesteckten Zielen, während die Regierung Kohl die demographische Zeitbombe zwar erkannte, aber ticken ließ.

Den 70er Jahren, insbesondere 1973-75, kommt zu Recht eine Schlüsselrolle für das Ende des Wirtschaftswunders und der Geschichte der Bundesrepublik zu, wenn auch die Grundlegung in den 60ern stärker betont werden sollte. Veränderte Rahmenbedingungen sowie

Stagflations- und Verschuldungspolitik beeinflussen noch heute das politische Handeln – als Mühlstein am Hals der Regierenden und als gängige Politik. Zudem schuf die sozial-liberale Regierung in den 70er Jahren das Prekariat. Und die Bevölkerung? Sie besitzt zwar offenkundig ein Gespür für falsche Politik, setzt aber unverdrossen auf Verheißungen von Politikern und Parteien.

Eine peppige Kurzfassung als Essay, ähnlich Dominik Gepperts „Maggie Thatchers Roßkur" würde der verdienstvollen Studie die Breitenwirkung verleihen, die sie verdient hat.

Der Herausgeber

Dr. Michael von Prollius ist Publizist und Gründer von Forum Ordnungspolitik, einer Plattform, die sich für eine freie Gesellschaft einsetzt. Mehr im Internet: http://michael.von.prollius.de/

Forum Ordnungspolitik

Forum Ordnungspolitik (www.forum-ordnungspolitik.de) ist eine Internetplattform, die für eine freiheitliche Ordnung von Wirtschaft und Gesellschaft wirbt. Die Autoren setzen sich mit Analysen und Kommentaren für eine freie Gesellschaft und freie Märkte ein; Grundlage bilden die Ideen der europäischen Humanisten, Nationalökonomen und Sozialphilosophen.

Viele herausragende Denker und Praktiker haben einen Beitrag zu einer Ordnung der Freiheit geleistet. Hervorgehoben seien:
- Friedrich August von Hayek
- Ludwig von Mises
- Henry Hazlitt
- Murray N. Rothbard
- Wilhelm Röpke
- Ludwig Erhard
- Walter Eucken
- Anthony de Jasay.

In ihrem Sinne umfasst Ordnungspolitik sowohl die Bemühungen vieler Individuen und Initiativen auf lokaler und regionaler Ebene, die häufig praktisch nach einer freien Gesellschaft streben („Graswurzelbewegungen"), als auch die wenigen Personen und Organisationen, die sich für eine Ordnung der Freiheit stark machen – durch ihr prinzipientreues Eintreten für Freiheit, Recht und Marktwirtschaft sowie ihre

Bemühungen um eine Reform von Staat und Gesellschaft insgesamt („Ordnungsansätze").

Die Ordnung von Wirtschaft und Gesellschaft bestimmt unser Leben auf Schritt und Tritt. Vielen Menschen ist jedoch gar nicht bewusst in welcher Ordnung sie leben und welchen Einfluss diese Ordnung auf ihr Leben und das Leben ihrer Familie, Freunde, Nachbarn und Mitmenschen hat. Das System des Wohlfahrtsstaates bringt beispielsweise automatisch überbordende Bürokratie mit sich und führt über eine zunehmende Zahl vermeintlich kostenloser oder stark subventionierter Angebote zur Überschuldung. Dazu gehören z.B. staatliche Studien- und Kindergartenplätze, die ausufernde Entwicklung, dass niemand mehr seine eigenen Rechnungen, statt dessen aber die seiner Nachbarn bezahlt, z.B. anteilig das neue Auto des Nachbarn über die „Abwrackprämie" oder Solarpaneels über Steuern und steigende Strompreise. Langfristig führt der Wohlfahrtsstaat in eine Sackgasse, weil er zu Überschuldung, Moralverfall, Zentralisierung und Streben nach Größe (Maximalismus) sowie autoritärem Paternalismus führt. Die Gründerväter der sozialen Marktwirtschaft haben sich vehement gegen wohlfahrtsstaatliche Tendenzen zur Wehr gesetzt. Dieses Bewusstsein wach zu halten und dem ordnungspolitischen Verfall entgegen zutreten ist ein wesentliches Ziel von Forum Ordnungspolitik.

Wenn Sie ein Zeichen für die Freiheit setzen wollen, dann können Sie das hier tun:

info@forum-ordnungspolitik.de

Forum Ordnungspolitik

Im Schlossgarten 1a

37699 Fürstenberg

www.ingramcontent.com/pod-product-compliance
Lightning Source LLC
Chambersburg PA
CBHW021147260726
48656CB00025B/1619